¿HEREDAR
LA HISTORIA FAMILIAR?

Barbara Couvert

¿HEREDAR LA HISTORIA FAMILIAR?

*Lo que la ciencia nos revela
sobre la psicogenealogía*

EDICIONES OBELISCO

Si este libro le ha interesado y desea que le mantengamos informado
de nuestras publicaciones, escríbanos indicándonos qué temas son de su interés
(Astrología, Autoayuda, Psicología, Artes Marciales, Naturismo,
Espiritualidad, Tradición…) y gustosamente le complaceremos.

Puede consultar nuestro catálogo en www.edicionesobelisco.com

*Los editores no han comprobado la eficacia ni el resultado de las recetas,
productos, fórmulas técnicas, ejercicios o similares contenidos en este libro.
Instan a los lectores a consultar al médico o especialista de la salud ante
cualquier duda que surja. No asumen, por lo tanto, responsabilidad alguna
en cuanto a su utilización ni realizan asesoramiento al respecto.*

Colección Psicología
¿HEREDAR LA HISTORIA FAMILIAR?
Barbara Couvert

1.ª edición: septiembre de 2022

Título original: *Hériter de l'histoire familiale?*

Traducción: *Paca Tomás*
Corrección: *M.ª Jesús Rodríguez*
Diseño de cubierta: *TsEdi, Teleservicios Editoriales, S. L.*

© 2021, Groupe Elidia. Éditions du Rocher
28 rue Comte-Félix-Gastaldi, BP521, 98015 Monaco
www.editionsdurocher.fr
(Reservados todos los derechos)
© 2022, Ediciones Obelisco, S. L.
(Reservados los derechos para la presente edición)

Edita: Ediciones Obelisco, S. L.
Collita, 23-25. Pol. Ind. Molí de la Bastida
08191 Rubí - Barcelona - España
Tel. 93 309 85 25
E-mail: info@edicionesobelisco.com

ISBN: 978-84-9111-906-7
Depósito Legal: B-13.406-2022

Impreso en los talleres gráficos de Romanyà/Valls S. A.
Verdaguer, 1 - 08786 Capellades - Barcelona

Printed in Spain

«El edificio inmenso del recuerdo».
MARCEL PROUST, *En busca del tiempo perdido*

«He comprendido que lo que es amenazante,
no es la escritura, sino lo indecible
que ha desencadenado mucho antes».
MARTIN WINCKLER, *Plumes d'ange*

A mis padres.
Al «abuelo Eugène».
A Claude, Frédérique y Natalie, mis hermanas.
A Anne Ancelin Schützenberger.

Para Eliott, para Julie.

INTRODUCCIÓN

«Algunos de nosotros estamos como habitados por una historia que no es la nuestra. Nacimientos, matrimonios o fallecimientos en fechas trascendentales para la familia, accidentes similares que ocurren en la misma fecha una o varias generaciones más tarde, enfermedades que revelan lo que una madre o un abuelo ha vivido: me he encontrado tantas situaciones o acontecimientos asombrosos, e incluso increíbles, desde que me intereso por la psicogenealogía que no puede tratarse de simples coincidencias.

La historia familiar tiene una dolorosa influencia psicocorporal sobre algunos de nosotros; algo de la vida de un antepasado nos es transmitido, involuntaria e inconscientemente. Pero ¿cómo un acontecimiento familiar olvidado puede tener efectos en un «heredero» una o varias generaciones más tarde? ¿Es posible librarse de él?

La similitud de los hechos muestra que se trata del resurgimiento de una memoria que nos lleva a repetir, transformar y reparar acontecimientos que ocurrieron antes de nuestro nacimiento. Este resurgimiento nos hace actuar, enfermar o, a veces, superar grandes dificultades.

Esta transmisión se denomina «transgeneracional», porque no hay ningún intermediario aparente entre el acontecimiento original y la forma en que se manifiesta en un descendiente. En ocasiones, tiene tanta fuerza que adquiere la apariencia de un destino ineludible que sorprende, fascina, preocupa. ¿Telepatía? ¿Co-inconsciente familiar? La mayoría de las teorías apelan a la idea de una transmisión psíquica para explicar estos fenómenos.

Actualmente, los recientes descubrimientos de la neurociencia sobre la memoria y la comunicación, así como los de la genética (neuronas espejo, ondas cerebrales, epigenética), describen procesos fisiológicos que permiten comprender mejor de qué manera la historia de un antepasado puede llegar a nosotros y dejarnos su huella.

Veremos cómo esta herencia tiene su origen en la intensidad de las emociones vividas por un antepasado durante un acontecimiento traumático. Estas emociones se memorizan, y se almacenan, antes de ser transmitidas de manera invisible pero muy efectiva. Por lo tanto, es necesario buscar el origen de estas manifestaciones transgeneracionales tanto en el cuerpo como en la mente.

Antes de interesarnos por los procesos que hacen posible la transmisión transgeneracional, nos interesaremos por su origen: las repercusiones psíquicas y fisiológicas de un acontecimiento perturbador sobre cada uno de nosotros. Es el objeto de los dos primeros capítulos, que se centran en las emociones, la memoria y la somatización. Después, visitaremos la familia, ese universo con estructuras particulares, y la manera en que a veces trata a algunos de sus miembros.

Más tarde, descubriremos a través de qué mecanismos fisiológicos y mentales los «herederos» pueden verse afectados por acontecimientos que no han vivido y que a menudo incluso ignoran, y veremos cómo nuestras extraordinarias capacidades de percepción nos permiten oír lo que no se dice.

De esta forma, seguiremos las etapas de la transmisión que empieza incluso antes de la concepción de la persona que se convertirá en la «heredera», continúa durante el embarazo y alcanza su impregnación a lo largo de la vida familiar.

Esta investigación nos llevará a conocer a Vincent-Théo van Gogh, Arthur Rimbaud y Sigmund Freud, a sobrevivientes de genocidios, a criminales, a guardianes de cementerio y muchos otros, hombres y mujeres, que han podido o no liberarse de la influencia transgeneracional.[1] Estos encuentros revelarán también cómo deshacerse de esta influencia, porque podemos —en parte— reprogramar nuestra herencia e incluso nuestro legado genético.

---

1. Por supuesto, he cambiado los nombres y apellidos de todas las personas, pero he encontrado nombres equivalentes cuando ha sido necesario, excepto si fueron citados por la prensa. He nombrado a miembros de mi familia en la medida en que ello no les pueda perjudicar.

LAS EMOCIONES Y LA MEMORIA

¡Somos seres racionales, por supuesto! Pero ¿qué seríamos sin emociones ni memoria? ¿Un cuerpo vacío? ¿Un programa informático? Las emociones y la memoria, que, junto con el discernimiento conforman nuestra mente, se apoyan en mecanismos complejos y son el resultado de experiencias corporales. Producidas por la constitución misma de nuestra fisiología, son interpretadas y corregidas por nuestra forma sensitiva y mental de aprehender el mundo. Cuerpo y mente están inextricablemente unidos.

La manera en que las emociones y la memoria interactúan en cada uno de nosotros es la base de nuestro equilibrio. El curso normal de una emoción es remitir: guardamos una huella de memoria, pero nuestro cuerpo recupera su equilibrio fisiológico. En el caso de un estrés prolongado o un trauma, el retorno a este equilibrio es imposible. El recuerdo permanece eternamente presente, como un disco rayado, o por el contrario desaparece, pero reaparece de forma aparentemente aleatoria.

Relacionadas con dificultades psicológicas, estas alteraciones de la memoria son el crisol de la transmisión transgeneracional, por eso es necesario explorarlas.

Las emociones

De la admiración a la tristeza, pasando por el desánimo o el entusiasmo, la lista de emociones es larga. Pionero en la investigación sobre las emociones y las expresiones faciales que les corresponden, el psicólogo estadounidense Paul Ekman ha identificado seis expresiones de las llamadas básicas, porque serían universales, muy reconocidas por toda la humanidad, por muy diversa que sea. Éstas son: la alegría, la tristeza, la ira, el asco, el miedo y la sorpresa. Todas las emociones estarían compuestas a partir de estas seis emociones básicas.

Contrariamente a los sentimientos, que por definición son duraderos y no necesitan ser activados por la presencia de su objeto, las emociones son efímeras: se desencadenan por un estímulo y luego se despliegan antes de remitir y dejar paso a la calma o a una emoción nueva… La conmoción corporal que provocaron (temblores, ritmo cardíaco acelerado, sudoración… se atenúa antes de desaparecer. Esto es al menos lo que ocurre en situaciones normales.

Del estímulo a las emociones

En un entorno habitual, seguro, tanto si estamos en reposo como si estamos activos, nuestro cuerpo funciona sin que le prestemos atención: respiramos, digerimos, caminamos, hablamos, pensamos y amamos sin darnos cuenta de la extraordinaria complejidad de nuestro organismo que lo hace posible. Percepciones, impulsos nerviosos, alimentos, aire y hormonas, todos se comunican y se organizan sin que nos demos cuenta para que vivamos interactuando con nuestro entorno. Nuestro cuerpo es un organismo vivo organizado para su propia supervivencia y la de la especie humana.

Nuestra vida está hecha de intercambios permanentes e imprescindibles con el aire, el agua, los alimentos y los otros. Este entorno, sin embargo, puede resultar peligroso: el aire y el agua pueden estar contaminados, los otros pueden ser enemigos. Por lo tanto, es necesario evaluarlo continuamente, saber lo que es bueno o malo o peligroso; lo hacemos sin saber que lo hacemos.

Para ello, nuestro cerebro se apoya en nuestros cinco sentidos (la vista, el olfato, el oído, el tacto, el gusto) y sus órganos. Estos pequeños sensores, en alerta permanente, son los primeros relevos del extraordinario recorrido que, en unas milésimas de segundo, transformará percepciones en emociones e ideas. Porque en este infinitesimal espacio de tiempo, el sistema nervioso central (cerebro y médula espinal), el sistema nervioso periférico (nervios motores que actúan sobre los músculos), el sistema nervioso autónomo y el sistema hormonal se movilizan y se comunican entre ellos para adaptar nuestro cuerpo a la situación.

Las informaciones recogidas por nuestros sentidos son transmitidas en forma de impulsos nerviosos por los nervios sensitivos al sistema nervioso central donde son reprocesadas, transformadas en acción (impulso hacia, fuga, reacción refleja) a través de los nervios motores.

Al mismo tiempo, el sistema nervioso autónomo da órdenes a aquellas de nuestras funciones internas sobre las cuales, aparte de la respiración,[1] no tenemos ninguna posibilidad de acción voluntaria, como la digestión, la dilatación de los bronquios o la actividad del corazón. El sistema nervioso autónomo tiene dos componentes: el sistema ortosimpático y el sistema parasimpático. El primero se pone en acción en cuanto aparece el estímulo, intensifica la actividad del corazón y aumenta la dilatación de los bronquios así como nuestras capacidades sensoriales, mientras se suspende la actividad de nuestro sistema digestivo. El segundo interviene cuando la situación generadora de la emoción se ha calmado, entonces, devuelve a nuestro organismo a un funcionamiento normal y lo pone en reposo.

Paralelamente a la acción de los sistemas nerviosos, el hipotálamo (estructura del sistema nervioso central) desempeña un papel de transmisión de información entre el sistema nervioso autónomo y el sistema endocrino. Pone en movimiento el sistema hormonal a través de la hipófisis: las glándulas endocrinas producen entonces las hormonas, pequeños mensajeros transportados por la sangre, que dan al hipotálamo la información sobre el estado de nuestro cuerpo y regulan nuestro metabolismo por retroalimentación.

Las hormonas intervienen tanto en el crecimiento como en el sueño o la reproducción. Algunas de ellas desempeñan un papel fundamental en la reacción a las diferentes situaciones a las que nos enfrentamos. Por ejemplo, la adrenalina (llamada «hormona del estrés») nos prepara

---

1. Por esta razón, la respiración es una «herramienta» extraordinaria de apaciguamiento: calmándola, podemos ayudarnos a recuperar un nivel de producción hormonal normal.

para el ataque o la huida aumentando el ritmo cardíaco y la presión arterial y dilatando los bronquios, lo que refuerza la acción del sistema ortosimpático. Cortisol y endorfinas toman el control si la situación persiste.

El sistema nervioso autónomo y el sistema endocrino se ocupan de la homeostasis de nuestro organismo: son capaces de percibir las anomalías y de corregirlas.

Si todas estas transmisiones de informaciones se hacen en un tiempo récord de unas milésimas de segundo, el retorno a un estado de calma normal requiere de más tiempo: a veces necesitamos unos minutos para dejar de temblar o para ralentizar los latidos del corazón...

Así pues, las emociones son una reacción corporal efímera de bienestar o de malestar ante acontecimientos o situaciones captados por los sentidos, experimentados por el cuerpo e interpretados por el cerebro. Está claro que algunas emociones son más agradables que otras, preferimos, sin duda, ser felices a estar enfadados y temblar de deseo que de miedo.

Estas sensaciones dejan huellas en nosotros, las guardamos en la memoria y aumentan nuestra experiencia del entorno. La mente interfiere, así, en la percepción del entorno, lo que hace que algunas personas vean «la vida de color de rosa» mientras que otras lo ven «todo negro». Por eso la ciencia budista, por ejemplo, añade a los sentidos fisiológicos de la ciencia occidental un sexto sentido: la conciencia mental. Es ella la que, más allá de las reacciones fisiológicas, nos sirve para comprender una situación: la interpreta a partir de lo que ya sabe y la añade a nuestro catálogo de experiencias. También tiene la particularidad de captar objetos muy especiales: los objetos abstractos.

¿Un objeto abstracto? Como su nombre indica, no existe en la realidad física: son las ideas, los pensamientos como tales, o lo que necesita el pensamiento para existir. Por ejemplo, los que ignoran las reglas no entienden un partido de fútbol: ven gente correr detrás de un balón o que se paran delante de él, pero esto no tiene ningún sentido y, por tanto, el partido no existe para ellos. Sólo tiene sentido para quienes conocen las reglas y son éstas, es decir los objetos abstractos, las que lo convierten en un partido de fútbol.

Se podría decir que el conocimiento de las reglas forma parte de los órganos sensoriales del aficionado en la medida en que organiza el mundo que aprehende.

Entre los objetos abstractos que la conciencia mental registra, sin que nos demos cuenta, figuran los números y las fechas. Esta particularidad tiene una gran importancia en la transmisión transgeneracional, como veremos más adelante.

La memoria: Inscripción corporal, inscripción psíquica

Emociones y memoria son indisociables la una de la otra: las emociones imprimen marcas en el cuerpo y en la mente. El recuerdo es tanto más fuerte cuanto la emoción relacionada con el acontecimiento es importante. Éste puede ser el caso de ciertas disputas familiares si se añaden a conflictos importantes. Pero esto sólo se aplica hasta un cierto nivel porque, más allá, emociones y memoria colapsan, como en el caso del estrés repetido, el shock emocional o el trauma.[2] Por ejemplo, muchas personas, violadas por sus familiares cuando eran pequeñas, son testimonio en el nacimiento de su primer hijo, o del hijo que ocupa el mismo lugar que ellas entre los hermanos, de la aparición de trastornos físicos o dificultades psicológicas con reminiscencias de acontecimientos traumáticos olvidados hasta entonces. Volveremos sobre ello más adelante.

Identificar los peligros potenciales es indispensable para la supervivencia, es el trabajo de nuestros sentidos, –y de reconocerlos– nuestra memoria nos ayuda a ello. Para captar, nuestros sentidos se apoyan en nuestra memoria[3] al mismo tiempo que la memoria se basa en ellos porque, si ellos registran, también son una vía importante para la rememoración (la famosa magdalena de Proust lo atestigua). Para distinguir la memoria del recuerdo, podríamos imaginar la memoria como un *stock* maleable, oculto pero disponible, de recuerdos, algunos de los cuales (re)aparecen en situaciones particulares.

---

2. El trauma es el *shock* en sí mismo, el traumatismo es el resultado de ese *shock*.
3. La amígdala y el hipocampo han almacenado las informaciones y las emociones relacionadas con ella.

Memoria procedimental, perceptiva, semántica o episódica, tenemos varias clases de memoria localizadas en el cerebro según sus funciones. La memoria procedimental es la de los gestos y las actitudes, la que nos permite montar en bicicleta, nadar o escribir a máquina sin tener que pensar: estos gestos se han convertido en reflejos. La memoria perceptiva se acuerda de las percepciones, es la que nos impide poner la mano en el fuego y la que hace resurgir la magdalena de Proust. La memoria semántica recuerda palabras y conceptos, contiene nuestro conocimiento y nuestra concepción del mundo. La memoria episódica se refiere a momentos especiales de la vida de cada uno, episodios, de los cuales observa el entorno general, incluidos los sonidos, los olores o el color del cielo, la fecha del día o la hora... Es la memoria que nos hace conscientes de ser nosotros mismos, de tener una continuidad de existencia.

La memoria no es consciente: graba sin saber que está grabando. Su primer trabajo es la codificación, es decir, la memorización de escenas, palabras, situaciones que se impregnan en nosotros después de haber sido captadas por los órganos de los sentidos y la conciencia mental. Esta grabación es tanto más fuerte cuanto la situación moviliza nuestra atención y nuestra emoción, es decir, que tiene sentido para nosotros. Este sentido viene dado por la experiencia personal y por los «marcos sociales»:[4] códigos del mundo en el cual vivimos y la manera en la que nos situamos en él.

La memorización de un acontecimiento, o de una situación, es más fácil si tiene un toque emocional, positivo o negativo, ya que la adrenalina (la hormona del estrés) ayuda a fijar los recuerdos. Si el acontecimiento o la situación son neutros, no fabricamos un recuerdo. La emoción vinculada al estímulo depende de la experiencia previa de quien vive el acontecimiento y no del estímulo en sí mismo. De dos primas, una de ellas sonreía cuando oía esas melodías infantiles que «salían» de los juguetitos mecánicos, la otra, por el contrario, lloraba: cuando era bebé, su padre abusó de ella antes de que su madre se diera cuenta.

---

4. Maurice Halbwachs, *Los marcos sociales de la memoria*, Anthropos, Barcelona, 2004.

La remodelación de los recuerdos

La memorización es el resultado de la colaboración de varias partes de nuestro cerebro, pero sobre todo de la de dos pequeñas glándulas, la amígdala[5] (activada por la hormona del estrés y las neuronas) y el hipocampo, que juntos transforman la percepción sensorial en recuerdos y los fijan. La amígdala, que «valora» nuestras experiencias calificándolas de buenas o malas, desempeña un papel esencial de interfaz entre la emoción y la memoria.

Una fase de latencia (olvido aparente) sucede a la memorización. Porque, paradójicamente, el olvido es el corolario indispensable de la memoria y de la inteligencia. ¿Cómo podríamos pensar, analizar, vivir, si nos acordáramos permanentemente de todo? El cerebro estaría tan congestionado que nada nuevo podría acontecer. El olvido nos permite estar disponibles para el momento presente dejando a la memoria la posibilidad de manifestarse.

Esta fase de latencia también es una fase de remodelación de los recuerdos: a lo largo del tiempo, las experiencias se acumulan, nuestra manera de ver el mundo cambia y transforma, incluso retrospectivamente, la percepción y el sentimiento de lo que hemos vivido. La «buena» memoria es aquella que evoluciona: su cualidad fundamental es la plasticidad, es decir, su capacidad de producir en el momento del recuerdo una emoción diferente a aquella que vivió en el momento en el que se produjo el acontecimiento.

Momentos dolorosos o complicados (parto, internado, servicio militar) se pueden rememorar con alegría porque entre el acontecimiento y su recuerdo, nuestra experiencia de vida ha transformado la emoción relacionada a su vivencia.

Las creencias, los prejuicios o ciertas cegueras intervienen también en nuestro modo de recordar. Así, en el marco de una formación sobre «El compendio de la prueba penal», la Escuela Nacional de la Magistratura propone a los estudiantes visionar una escena de robo,

---

5. Esta pequeña glándula debe distinguirse de las amígdalas que tenemos en la parte posterior de la garganta. Toman su nombre de su forma común de almendra (*amygdale*, en griego).

y luego describirla. A menudo mencionan a un hombre de piel oscura que lleva una chaqueta negra, cuando en realidad se trata de un hombre rubio con chaqueta de cuadros.[6] Un ejemplo ilustrativo de la capacidad de nuestros prejuicios para transformar la percepción de la realidad.

Los recuerdos también son alterados por el inconsciente. Freud[7] ha demostrado que, para expresar lo que no nos atrevemos a decir, los recuerdos pueden utilizar los mismos procedimientos de deformación que los sueños. Con motivo de una investigación sobre los recuerdos más antiguos, Freud entrevistó a un hombre y su conversación le permitió descubrir un modelo particular de recuerdo: el «recuerdo-pantalla», que lanza un velo púdico sobre acontecimientos y deseos.

Este hombre propone una especie de acertijo que describe la situación actual. Recuerda que un día, de niño, recogía flores con otro niño y una niña. La niña hizo un gran ramo de dientes de león y los niños, celosos, se lanzaron sobre ella y le quitaron el ramo. La niñera, que asiste a la escena, consuela a la niña dándole pan. Los dos niños, a su vez, se apresuran a reclamarlo.

Guiado por las preguntas de Freud y su propia capacidad de asociación, recuerda que de adolescente se había enamorado de una chica que llevaba un vestido amarillo…, pero no tan amarillo como los dientes de león. Más tarde, su padre quiso casarlo con una chica rica que vivía en el pueblo donde se produjo la escena del ramo de flores. Y descubrimos que en el momento en que cuenta este recuerdo, al joven, soltero y dependiente de sus padres, le gustaría tanto «desflorar» a una chica como «ganarse el pan».

Extraordinario inconsciente, que utiliza un recuerdo y asociaciones de ideas e imágenes para decir, sin decirlas, ¡las preocupaciones actuales!

Así que algunos de nuestros recuerdos son dudosos…

---

6. Citado en *La Vie,* 12 de diciembre de 2019.
7. Sigmund Freud, «Les souvenirs-écrans», en *La Répétition,* Payot et Rivages, París, 2019.

La reactivación de los recuerdos

El recuerdo se reactiva por un estímulo presente, común al acontecimiento al que hace referencia. Por ejemplo, el gusto y el olfato son los que llevan a Proust a las magdalenas de su tía Léonie:

> Pero, cuando de un pasado antiguo nada subsiste, después de la muerte de los seres, después de la destrucción de las cosas, solas, más frágiles pero más vivaces, más inmateriales, más persistentes, más fieles, el olor y el sabor permanecen mucho tiempo, como almas, para recordar, para esperar, para descansar, sobre la ruina de todo lo demás, para llevar sin ceder, sobre su gotita casi impalpable, el edificio inmenso del recuerdo.[8]

Entre el momento original (la degustación, los domingos por la mañana, de la magdalena empapada en la infusión por su tía Léonie) y el momento del recuerdo en el que Proust sintió el sabor del sorbo de té, ofrecido por su madre, mezclado con restos de pastel, han pasado varios años de olvido... Precisamente es ese olvido el que le permite acordarse.

Así, en un entorno vital relativamente sereno, las emociones no duran y su apaciguamiento pone el cuerpo en reposo, mientras la memoria almacena *stocks* de información de la que puede disponer cuando la necesite o cuando un estímulo la active.

Pero el mero hecho de vivir expone a sufrimientos. Nuestro entorno no siempre es tan confortable como desearíamos: problemas cotidianos, cuestiones profesionales, humillaciones, preocupación por un familiar, a veces, nos corroen. Para algunos, numerosos, el hecho de pertenecer a una etnia o casta determinada, el hecho de tener características religiosas o sexuales minoritarias implica una vida amenazada y coaccionada, como en algunos países el hecho de nacer mujer, negro o albino. En 2020, la propagación mundial del coronavirus, casi cien años después de la epidemia de gripe llamada española que pudo haber matado hasta cien millones de personas, transformó nuestras vidas. Estas situaciones implican *shocks* emocionales, duelos, estrés o traumas y, con ellos, trastornos fisiológicos que nos perturban a cada uno de nosotros a su manera.

---

8. Marcel Proust, *Por el camino de Swann*, Alianza Editorial, 2011.

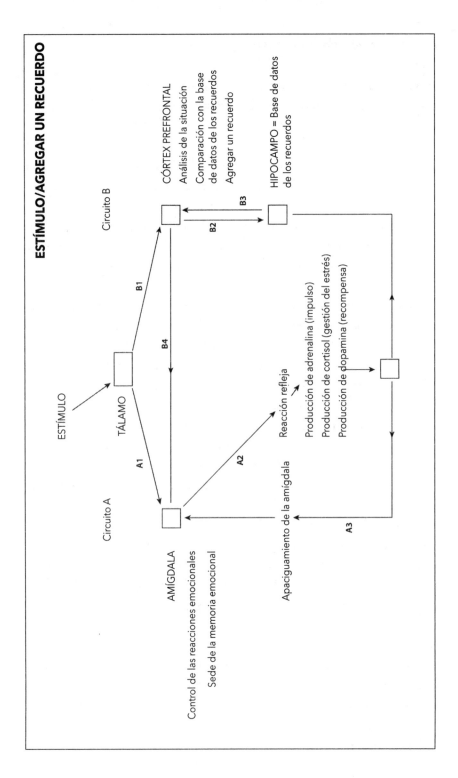

ESTÍMULO/AGREGAR UN RECUERDO

Circuito B

CÓRTEX PREFRONTAL
Análisis de la situación
Comparación con la base
de datos de los recuerdos
Agregar un recuerdo

HIPOCAMPO = Base de datos
de los recuerdos

B3

B2

B1

B4

ESTÍMULO

TÁLAMO

Reacción refleja

Producción de adrenalina (impulso)
Producción de cortisol (gestión del estrés)
Producción de dopamina (recompensa)

A1

A2

Circuito A

AMÍGDALA
Control de las reacciones emocionales
Sede de la memoria emocional

Apaciguamiento de la amígdala

A3

22

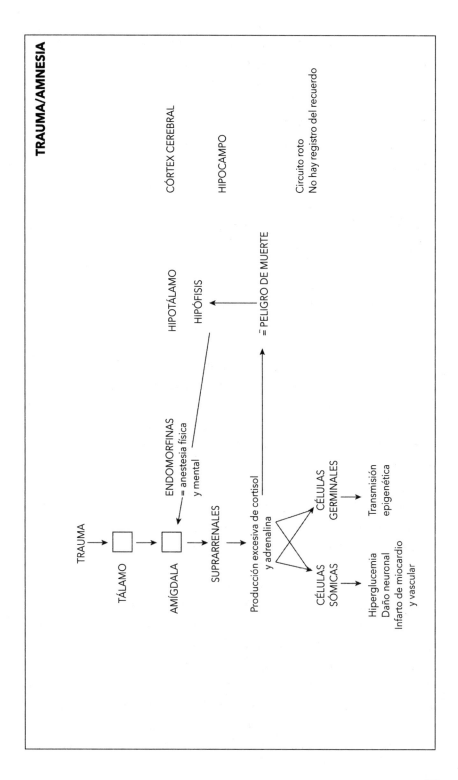

TRAUMA/AMNESIA

TRAUMA → TÁLAMO → AMÍGDALA → SUPRARRENALES → Producción excesiva de cortisol y adrenalina

ENDOMORFINAS = anestesia física y mental

HIPOTÁLAMO
HIPÓFISIS

⁻ = PELIGRO DE MUERTE

CÓRTEX CEREBRAL

HIPOCAMPO

Circuito roto
No hay registro del recuerdo

CÉLULAS GERMINALES → Transmisión epigenética

CÉLULAS SÓMICAS → Hiperglucemia
Daño neuronal
Infarto de miocardio y vascular

Emociones y memoria ante el shock emocional, el estrés y el trauma

El *shock* emocional, el estrés y el trauma tienen en común que nos violentan y permanecen inscritos en nosotros tanto fisiológica como psíquicamente. Sin embargo, sus efectos son diferentes y es preciso distinguirlos.

El *shock emocional* ocurre tras una mala noticia: una persona a la que estamos unidos desaparece cuando no lo esperábamos, o bien nos traiciona o nos deja, perdemos el empleo, nuestro país es invadido por un ejército extranjero, el medio ambiente se destruye por la instalación de una fábrica o una catástrofe ecológica… Sentimos, entonces, una mezcla de tristeza, ira y preocupación que perdura e invade nuestros pensamientos, no recobramos la calma que concluye la aparición de una emoción. Un *shock* emocional provoca olvido o, por el contrario, repetición y/o duelo.

El olvido del acontecimiento puede manifestarse por un recuerdo-pantalla. En el marco de la misma investigación anterior, un joven le explica a Freud que se acuerda de una mesa sobre la cual se coloca un bote de helado. Sus padres confirman que esa mesa existió en un momento preciso: cuando la abuela del joven, a la que estaba muy unido, se estaba muriendo. El joven no había guardado ningún recuerdo de eso ni de su dolor, y la imagen del bote de helado no le provocaba reacción alguna. Éste es un ejemplo de un «desplazamiento»: aquí una imagen casi abstracta pero contemporánea del *shock* emocional ha reemplazado el recuerdo del dolor del niño.

A veces, la repetición se instala y el pensamiento permanece bloqueado en el problema sin que seamos capaces de desprendernos de él: uno habla consigo mismo, invoca mentalmente al culpable. Estamos obsesionados y nuestras reflexiones añaden justificaciones y resentimientos. El ciclo natural de las emociones se altera, el sistema endocrino se trastorna: en lugar de fabricar primero la adrenalina, que nos ayuda a reaccionar y, en segundo lugar, el cortisol y las endorfinas, que nos ayudan a que vuelva la calma, los fabricamos todos a la vez y nos excitamos, al mismo tiempo que nos calmamos, a la vez que nos excitamos… Nos hemos convertido en «adictos a las ELD» (emociones de larga duración), escribe Jacques Regard.[9] Caemos aún más en la reflexión, ya que parece ser cierto que la especie humana tiende a memorizar más bien los hechos negativos, se construye, entonces, un círculo vicioso de reflexiones negativas sobre reflexiones negativas.

Lo mismo ocurre con determinados duelos.

El duelo es, por definición, el dolor de haber perdido a un ser querido.[10] Generalmente se habla con relación a una persona, pero el dolor puede ser el mismo por la pérdida de una mascota, de una casa o de un país. La psiquiatra Elisabeth Kübler-Ross, pionera en la investigación sobre el duelo (y el final de la vida), describe el proceso desde el *shock* que se produce incluso cuando la muerte era previsible (enfermedad, edad avanzada), hasta la aceptación, y luego el retorno a nosotros mismos, pasando por la negación, la ansiedad, la depresión y la tristeza. Un duelo termina cuando nuestra mente se desplaza del objeto del duelo a la persona en duelo que somos: volvemos a nosotros mismos, hemos aceptado el «nunca más» y el hecho de que una parte de nosotros haya desaparecido, empezamos a vivir de nuevo y a hacer proyectos.

No obstante, las etapas de ese proceso no se viven de la misma manera por todo el mundo, y puede pasar que algunas personas permanezcan fijas en una de ellas. Los sucesos relatan el caso de esas personas atrapadas en la negación que conservaron en su casa el cuerpo de un familiar al que llegaban a alimentar y asear. Incluso he recibido personas que han acudido a mí con un duelo intenso y que, de hecho, no podían renunciar a su dolor, llorando por sí mismas, más afectadas por la pérdida de su seguridad afectiva y material que por la muerte de la persona que acababa de morir. Dos ejemplos de reflexiones muy diferentes, pero que producen el mismo efecto de adicción.

Radicalmente diferentes de estos duelos patológicos son los duelos imposibles. Son imposibles porque no se sabe en qué condiciones desapareció la persona, ni siquiera si está viva o muerta. Sin cuerpo, no es posible que celebrar el ritual para decir adiós: la vida se suspende a la espera de noticias, sean las que sean. El dolor y la ansiedad invaden

---

9. Jacques Regard, *Les Émotions tout simplement*, Eyrolles, 2007.
10. La palabra «duelo» proviene del verbo latino *dolere*: 'sufrir'.

constantemente la mente de los que no pueden llevar a cabo su duelo y los envenena física y moralmente.

El estrés es más una tensión que una emoción. Esta palabra nos llega del francés antiguo «*destresse*» *(détresse)*.[11] Expresa comúnmente el hecho de que estamos teniendo dificultades para adaptarnos a determinadas situaciones. La vida cotidiana ofrece numerosas posibilidades de estos estrés banales, estos momentos en los que nos hayamos «bajo tensión»: el miedo a llegar tarde a una cita, alguien a quien esperamos tarda en presentarse, una carta certificada inesperada, el teléfono o el ordenador que se estropean justo cuando más los necesitamos...

El desarrollo de este estrés leve es el mismo que el de la emoción tranquila: una subida de tensión (adrenalina) seguida de su apaciguamiento (cortisol y endorfinas), sin embargo, generalmente, dura más tiempo.

El bienestar generado por las endorfinas (las hormonas que provocan una sensación de tranquilidad en el momento del apaciguamiento del estrés) crea una apetencia por él y puede conducir al mismo tipo de dependencia que las ELD. La psiquiatra especializada en traumatología Muriel Salmona las califica, además, de «drogas duras». Todos sabemos de personas impacientes, que siempre corren, que increpan a los demás, a los que querrían ver tan inquietas como ellas mismas, pero que, al mismo tiempo, no soportan que lo sean... Su permanente autoexcitación les sirve para producir las endorfinas que necesitan y que se han vuelto indispensables para ellas. La acción de las endorfinas es efímera, por lo que deben recrear rápidamente estrés para sentir el bienestar de su apaciguamiento.

Estrés repetido o duradero

Pero algunas formas de estrés no terminan nunca. Se generan por una preocupación permanente como, por ejemplo, dificultades financieras, acoso profesional o familiar, convivir con una persona violenta

---

11. Pasando por el inglés, así como la palabra *flirt* nos llega del francès antiguo «*conter fleurette*» ('cortejar').

o muy enferma, un puesto de trabajo inadecuado, amenazas a uno mismo o a sus allegados, ansiedad acompañada de la convicción de que no se puede cambiar nada… Sus efectos impactan a la víctima casi ininterrumpidamente y generan sufrimiento y fragilidad psíquica, porque las endorfinas ya no son capaces de apaciguar la situación.

Las relaciones intrafamiliares, que a veces son de una brutalidad extrema, provocan estrés y ansiedad a las víctimas que, desvalorizadas, se desvalorizan ellas mismas y caen en el círculo vicioso de las ELD. Es el caso de Michèle, que no puede creer que se la pueda amar: «Cuando somos pequeños, que tenemos miedo, que nos avergonzamos, que suceden cosas sucias en nuestra familia, que tenemos la sensación de que todo el mundo lo ve y de que nadie hace nada, cuando no nos festejan nuestro cumpleaños, es como si no existiéramos».

Louis, víctima de una educación hecha a base de golpes, de insultos, de privaciones y de humillaciones por parte de sus padres, me explica: «En esta violencia, hay tal relación de fuerza de los padres sobre el hijo que resulta imposible defenderse. Sus palabras y sus golpes son una intrusión, una violación mental, entran en nosotros y nosotros ya no estamos allí. Somos infelices, totalmente infelices, no podemos decirles que somos infelices por su culpa, no podemos decírselo a nadie, nos desgarra y lo más desgarrador es que te das cuenta de que al final ya no eres capaz de amar. Es el exterminio de nuestra plenitud como ser humano». Más tarde, Louis me dice: «Tal vez no quiero acordarme, porque sería tan insufrible. Me gustaría, pero algo en mí se resiste». Al mismo tiempo, no puede olvidar.

Para Freud, la amnesia infantil se debe al rechazo que se produce cuando la aparición de una pulsión (de placer) podría provocar desagrado por otras pulsiones. Sin embargo, a veces la pulsión del placer es difícil de discernir en este tipo de situación.

La psicoanalista Alice Miller[12] plantea la hipótesis de que muchas amnesias infantiles provienen de la paradoja insostenible en la que los hijos estaban atrapados. La violencia les era infligida por las personas que más querían y necesitaban: sus padres. De alguna manera, la

---

12. Alice Miller, *Por tu propio bien: raíces de la violencia en la educación del niño*, Tusquets, 2021.

memoria elige sus recuerdos, rechazando lo que era demasiado difícil de vivir. A menudo es a costa de una disminución de los recursos emocionales y de la capacidad de adaptación al entorno.

El estrés de larga duración, como el estrés intenso y la ansiedad, provoca la fabricación de un exceso de cortisol, desencadenando un funcionamiento excesivo del hipocampo, que lo lleva a «perder los estribos». En este caso, se impone la memoria procedimental y regresa a los gestos tan aprendidos que se han convertido en reflejos. Esto explica, por ejemplo, algunos accidentes de tráfico cuando el conductor tiene un vehículo nuevo… y los pedales o palancas han cambiado de dirección o de posición con respecto a los anteriores.

Trauma y traumatismo

El trauma es un *shock,* una situación de violencia tal que la víctima se siente en peligro de muerte física y/o psíquica inminente. El traumatismo es la consecuencia del trauma para la víctima.

Un trauma es, por ejemplo, ser agredido, abusado, violado, ser testigo de un accidente o de un acto de gran violencia, vivir una cataclismo natural, verse envuelto en un enfrentamiento o expuesto a una situación brutal. Entre los traumas que alcanzan dimensiones extremas están las masacres en masa y los genocidios, pero también las agresiones deliberadamente crueles y las violaciones.

En situación de trauma, los sentidos y la mente pueden adquirir repentinamente una agudeza extraordinaria que no podíamos imaginar que teníamos: la escena se desarrolla a cámara lenta, vemos, oímos, olemos todo y registramos también el color del cielo o el de una prenda de vestir, así como el canto de los pájaros, el ruido o el silencio de la calle, el olor de las rosas o de la basura. La precisión de nuestros sentidos es tal que también registra la fecha del acontecimiento.

No somos iguales ante el trauma: una misma situación causa efectos diferentes según nuestra personalidad, según nuestra experiencia vital e incluso según la historia de nuestros padres.

Estudios del ejército israelí muestran por ejemplo que, a datos iguales antes del combate, los soldados cuyos padres sufrieron el impacto del Holocausto son más sensibles al estrés postraumático que los demás.

Algunas personas, porque probablemente pudieron construirse muy sólidamente de antemano (es la tesis del psiquiatra Boris Cyrulnik sobre las facultades de resiliencia),[13] recuperan más o menos rápidamente un equilibrio psíquico y fisiológico. Éste parece ser el caso del militante antifascista convertido en escritor Jorge Semprún, internado en el campo de concentración de Buchenwald en 1943. La vida en ese campo no le impedía la reminiscencia de recuerdos felices suscitados por una palabra, un árbol o la nieve. Inversamente, mucho más tarde, mientras asistía a una representación teatral «en medio de los dorados del Teatro del Odeón, la letra de una canción alemana trabajando las entrañas de la memoria, [le] llevaron a un domingo lejano en el Revier de Buchenwald».[14]

Otras, por el contrario, sufren las consecuencias del trauma durante largo tiempo y a veces de por vida. Estas personas viven y reviven la situación. Sus días y sus noches están habitados por el suceso que los traumatizó y no les deja ningún descanso. Porque la fractura deja huellas duraderas: la amígdala, una de cuyas funciones principales es gestionar el miedo, permanece bloqueada. El miedo está como enquistado en el cuerpo y la psique de las víctimas. El estrés postraumático está ahora bien descrito: dificultades de concentración, pesadillas e insomnio, dificultades relacionales, ansiedad permanente, evitar situaciones que puedan recordarles el trauma, fobias, *flashbacks* incontrolables que provocan ataques de pánico, como veremos con el jarrón de Jacqueline.

La conciencia del propio acontecimiento está como guardado en una «cripta», al mismo tiempo que el cerebro graba los estímulos presentes y los memoriza sin relación con la situación, pero en relación con el terror provocado por el trauma mismo. Tras la conmoción y la disociación, la conciencia del presente y la memoria están alteradas.

---

13. Volveremos sobre el tema de la resiliencia.
14. El Revier era el hospital del campo de concentración. Jorge Semprún, *Viviré con su nombre, morirá con el mío*, Tusquets, 2001.

Las monjas violadas por los sacerdotes[15] dan testimonio de la conmoción que las paralizó mentalmente. ¿Qué decir de los niños maltratados o violados por un familiar en el que confiaban? Para todos ellos, niños y adultos, la agresión se multiplica por el hecho de que su autor se suponía que debía protegerlos.

La psiquiatra Muriel Salmona, que realiza un trabajo considerable sobre el traumatismo de los niños violados, utiliza el término «allanamiento psíquico»: durante el acto, la violencia del acontecimiento y la impotencia de la víctima son tales que, al ser imposible la huida física, el cerebro organiza una especie de huida mental de sí mismo. Una amiga me dijo: «Cuando me violaron, realmente sentí que mi cerebro salía de mi cuerpo».

El asco hacia sí mismos que experimentan las personas violadas en su infancia, a veces, puede persistir durante años y llevar a algunas al suicidio. Es como si el mundo, su mundo, se hubiera detenido en ese momento, su memoria permanece replegada sobre sí misma, reposo y olvido se han vuelto imposibles, autoperpetuando un sufrimiento que no pueden compartir, inconfesable incluso para uno mismo. Pero no querer recordar no cambia la vivencia cotidiana.

El resurgimiento de uno de los estímulos presentes en el momento del trauma, sin que la víctima haga la conexión entre este estímulo y la situación actual, reactualiza la escena traumática y la proyecta en el presente. La situación se reproduce fantasmáticamente o en la realidad de la víctima… a pesar de ella y con gran sufrimiento. El traumatismo encierra a su víctima en el terror.[16]

Esta hipersensibilidad a estímulos que son inofensivos para la mayoría de nosotros, pero portadores de terribles amenazas para quien los tiene asociados a un peligro de muerte, explica reacciones, fobias o incluso accidentes aparentemente incomprensibles. Los estímulos son de todo tipo, pueden ser una asociación de ideas (el jarrón de

---

15. Élizabeth Drévillon, Marie-Pierre Raimbault y Éric Quintin, *Sœurs abusées, l'autre scandale de l'Église*, documental producido por Éric Colomeres, 2018.
16. Los servicios especializados en traumatología prestan una asistencia eficaz a las víctimas. El apoyo de la familia es de gran ayuda.

Jacqueline) o una similitud de situaciones (la última comida de Florence).

Las reminiscencias del trauma lo reactivan y provocan para quienes los viven el miedo a «crisis» incomprensibles, el miedo a estar loco. Lo que también creen, a menudo, su entorno y a veces los cuidadores que no tienen las claves para entender lo que está pasando.

EL JARRÓN DE JACQUELINE

Jacqueline vino a consultarme porque ya no podía conducir su coche después de un «ataque de pánico» una noche cuando volvía a casa del trabajo por una carretera que solía conducir todos los días hasta entonces sin ningún problema. Su «ataque» fue tan fuerte (creyó que iba a morir asfixiada por la angustia) que su marido tuvo que ir a buscarla.

Mi hipótesis era que un acontecimiento traumático era el origen de ese pánico, pero nunca había tenido un accidente de coche, ni ella ni sus familiares, afirma. Necesitó cuatro sesiones para recordar el accidente que la perseguía y del que se sentía responsable: «Es mi culpa —decía—, fue a causa del jarrón que querían traerme como regalo».

Su sobrina, su marido y sus dos hijos vivían en la otra punta de Francia y tenían que visitarla. Nunca llegaron: encontraron el coche unos días más tarde, volcado en un foso, los cuatro ocupantes ahogados. En el lodo.[17]

La investigación establecerá que, después de salir por primera vez, la familia había dado la vuelta porque su sobrina había olvidado el jarrón que quería regalarle a Jacqueline. Al partir de nuevo de la casa ocurrió el drama, me explica. Por eso se siente responsable de ese accidente.

Le pido que me describa el entorno de su «ataque de pánico». Ocurrió en la hermosa carretera que atraviesa las marismas por encima. La visualizo muy bien y digo:

—Las marismas son el lodo. Ahogarse en el lodo.

Casi grita:

—Sí, eso es. Nunca había hecho la conexión.

---

17. En francés, *vase* tiene varios significados, entre ellos 'lodo' y 'jarrón'. *(N. de la T.)*

Nos quedamos en silencio. Después de esta sesión, Jacqueline volvió a conducir, con cuidado, y luego se atrevió a conducir normalmente.

Pero ¿por qué tuvo esa crisis ese día y no uno de los anteriores? Buscamos una fecha de aniversario, en vano. Tal vez alguien había mencionado delante de ella una historia sobre un jarrón ese día.

Vivir una situación similar a la que uno ha sufrido un trauma puede actuar como factor desencadenante de su repetición. Esto es lo que le ocurrió a Florence al final de un viaje.

UNA ÚLTIMA COMIDA

Nuestro viaje en barco estaba llegando a su fin, tomábamos nuestra última comida juntos, seis personas alrededor de una pequeña mesa al lado de la mesa de la tripulación. Bromeábamos y Florence nos dijo que era muy agradable hablar así porque tiempo antes había atravesado el Atlántico en un velero con un capitán silencioso porque estaba de duelo, se había salvado por los pelos después de que el barco, que él había tardado seis años en construir, se hundiera cerca de la costa al chocar con un contenedor que iba a la deriva. De repente, ella se atragantó con el bocado que estaba comiendo, perdió el aliento, agitó los brazos, su rostro cambió de color, se sofocó y, entonces, fue el capitán del barco quien se abalanzó y la salvó de morir asfixiada haciéndole fuertes compresiones en el diafragma. Cuando la emoción se calmó, reanudamos la conversación y, por supuesto, pensé en una fecha de aniversario y le pregunté. Pero ni la fecha del naufragio ni la de esa última comida compartida coincidían con el final de su viaje. Ella no identificaba ningún aniversario. Me decía a mí misma que me estaba equivocando. No del todo, porque entonces recordó que en la última comida de su travesía del Atlántico, en el pesado silencio que se imponía en vísperas de la separación de la tripulación tras ese viaje «plomizo», ella se atragantó con un trozo de carne ¡y fue el capitán del barco quien la salvó de la asfixia haciéndole fuertes compresiones del diafragma!

Cargada emocionalmente y reforzada por su experiencia de asfixia, la situación temporal «última comida de la travesía antes de la separación» se reactualizó en una reminiscencia que llevó a Florence a repetir la escena hasta el punto de ahogarse y ser salvada de la misma manera (constricción violenta de las costillas) por la misma persona (el capitán del barco).

Este drama, evitado por poco gracias a la rapidez y a la sangre fría del capitán, ilustra que la amnesia no es desaparición y nos muestra que la inscripción memorial actúa sin el conocimiento del que no recuerda y puede manifestarse mucho tiempo después.

En algunos casos, «el analizado no recuerda absolutamente nada de lo que es olvidado y reprimido, pero actúa. No lo reproduce como un recuerdo sino como un acto, lo repite sin saber, por supuesto, que lo repite»,[18] señala Freud resumiendo la técnica del psicoanálisis después de la renuncia a la hipnosis.[19] La repetición puede actualizarse de repente, poniendo en escena el trauma, como acabamos de ver. También se manifiesta en la neurosis.

Neurosis, neurosis de destino, escenario de vida

La neurosis es, por definición, una especie de enfermedad comportamental en el sentido de que crea malestar para la persona que la experimenta y posiblemente para su entorno. Para el psicoanálisis, su origen se encuentra en los conflictos de los impulsos de la infancia[20] y el rechazo de parte de éstos en el inconsciente. Un poco como un disco muy rayado, el «enfermo»[21] repite inhibiciones, comportamientos inadecuados y rasgos de carácter. El objetivo del tratamiento psicoanalítico es sacarlos a la luz a través de la «transferencia», término que designa la relación tan particular que se establece en el marco del tratamiento entre el psicoanalizado y su psicoanalista y que se constituye sobre el modelo inconsciente de esquemas infantiles reactualizados por la situación.

---

18. Sigmund Freud, «Remémoration, répétition et perlaboration», en *La Répétition, op. cit.*
19. Ídem, pág. 75.
20. Excepto la «neurosis actual», que es el resultado de deseos contradictorios del momento presente.
21. Éste es el término utilizado por Freud.

En el caso particular de la llamada neurosis de destino, la persona se pone a su pesar en situaciones que le disgustan y pueden ser perjudiciales para ella misma y para sus familiares. Esto es también lo que describe el «escenario de vida» del análisis transaccional. Por el contrario, las teorías subyacentes de ambas son radicalmente diferentes. El psicoanálisis ve en ello el resultado de un conflicto intrapsíquico entre los impulsos y su rechazo. El análisis transaccional considera que es consecuencia de las órdenes parentales y de creencias generalmente inconscientes y más o menos compatibles entre sí, con un escenario de vida creado a partir de una interacción entre uno mismo y el entorno.

El hecho de que los padres sean neuróticos tiene consecuencias innegables en la forma de criar a sus hijos, pero la neurosis es personal. En cambio, el «programa», es decir, la forma en que se organizan las órdenes, es transmisible y sin duda lo es tanto más cuanto el «programa» se olvida. Un episodio de la vida de una amiga mía de la infancia lo ilustra bien.

Tras unos años idílicos, su vida matrimonial se deterioró, alternando escenas de reproches y violencia psíquica y física ante los hijos de la pareja. Afectada por esta situación, a menudo le decía a mi amiga que estaba haciendo vivir a sus hijos lo que ella misma había vivido de niña, como había comprobado. Ella me respondía:

—¡No lo recuerdo!

Y eso concluía curiosamente nuestra conversación, como si fuera imposible ir más allá de esa constatación.

La ausencia de recuerdos no solo le hacía repetir lo que había vivido, sino que parecía dejarla en la imposibilidad de remediar la situación, como si reviviera la impotencia que había sentido de niña. Esta mujer inteligente parecía privada de pensamiento hasta el punto de que nuestro intercambio mismo resultaba imposible. ¿Cómo entenderlo?

Hemos visto que el estrés intenso hace que el hipocampo se «desconecte», llevándonos inmediatamente a la memoria procedimental refleja. La repetición inconsciente proviene del hecho de que la escena traumática fue grabada en esta memoria refleja y no en la memoria episódica, cortando así la posibilidad de ser sujeto y de pensar el acontecimiento. Sin duda, es este mecanismo el responsable de la imposibilidad para algunas personas, especialmente las mujeres maltratadas, de desprenderse de la situación.

El fenómeno de la repetición, desencadenado por un estímulo común a una situación antigua y a una situación actual, también afecta a las enfermedades. En el caso de Jeanne, por ejemplo, es el parecido de una enferma con su madre lo que desencadena la bronquitis.

LA BRONQUITIS DE JEANNE

Jeanne comparte conmigo el hecho de que sus angustias de abandono y de muerte se multiplicaron durante una reciente bronquitis. Le pregunto por las anteriores. Recuerda que, estando interna en la escuela secundaria, regresaba a casa de su madre para las vacaciones. Ésta, anoréxica y alcohólica, daba cobijo a personas vagabundas y moribundas, incluso en las habitaciones de los niños. Jeanne se sorprende al constatar que entonces sufría sistemáticamente de bronquitis, que cesaba cuando cogía el tren de vuelta al internado. Al contarme esto, se da cuenta de que actualmente está atendiendo (es enfermera en un hospital) a una mujer que se parece a su madre… Jeanne no soportaba el olor a suciedad y a muerte que impregnaba todas las habitaciones de la casa, se ahogaba en la necesidad morbosa de su madre de ocuparse de personas que estaban al final de su vida. Sus primeras bronquitis decían bien claro que el aire era irrespirable.

El parecido de una enferma con su madre es el estímulo que la lleva de vuelta a ese extraño hospicio de fin de vida que era la casa de su madre y a las bronquitis que sufría cada vez que volvía allí. Revive la angustia que sentía entonces. De esta manera, la memoria de un acontecimiento se transforma en función de nuestras emociones y experiencias, mientras que las emociones vinculadas a un acontecimiento evolucionan al mismo tiempo que el significado que adquiere para nosotros con el tiempo. El hecho de que la memoria y las emociones sean impalpables, aunque profundamente incorporadas, es el origen de la somatización. La amnesia que, como hemos visto, puede llevarnos a actuar sin que sepamos que repetimos un acontecimiento olvidado, también puede llevarnos a esta acción tan particular que es la somatización.

LA SOMATIZACIÓN

Sufrimiento de una memoria, memoria de un sufrimiento, la somatización, dolor corporal, suele aparecer después de un gran dolor psíquico.

Algunas personas enferman, otras no o se recuperan fácilmente, algunas permanecen encerradas en un gran sufrimiento psíquico, otras no. Algunas reviven su trauma en forma de pesadilla... o de realidad como hemos visto. No todos reaccionamos de la misma manera ante los mismos acontecimientos. En primer lugar, porque no tienen el mismo significado para todo el mundo, y luego porque algunos de nosotros podemos tener una fragilidad previa a un *shock*.

Todas las civilizaciones han cuestionado el origen de las enfermedades y cada una de ellas ha desarrollado un enfoque particular. Para la medicina holística –en tanto que considera al ser humano como una unidad cuerpo-espíritu–, cada órgano funciona en estrecha relación con los demás. La medicina china es una medicina para la cual la enfermedad proviene de un desequilibrio energético. Utiliza diversas técnicas para curar: la acupuntura, por supuesto, las plantas y la dietética. Para los «médicos» vudú, la enfermedad es un agente externo (y no la consecuencia de la acción de un agente externo), los espíritus, rituales específicos y plantas participan en la curación. La medicina de la Edad Media estaba interesada en el equilibrio entre nuestros «humores»,[1] que son nuestra sangre o nuestra bilis,[2] por ejemplo. Curaba por punciones y también utilizaba plantas.

---

1. En latín, la palabra «humor» significa 'líquido'. Hipócrates planteó la hipótesis de los cuatro «humores» del cuerpo humano: la sangre, la bilis negra, la bilis amarilla y la flema. Cada líquido se segrega por un órgano del cuerpo y tiene un efecto sobre el mismo. *(N. de la T.)*
2. La huella de esta teoría todavía está presente en nuestro lenguaje: estamos de buen o mal humor dependiendo del exceso o no de bilis.

La ciencia que se ha desarrollado en Occidente nos ha enseñado a ver un cuerpo con órganos bien diferenciados, que se cuidan por separado y en los cuales la mente no intervendría. En su marco teórico, las enfermedades que nos afectan provienen de la acción de un agente externo (virus, microbios o elementos tóxicos de nuestro entorno, alimentación inadecuada o incluso efectos secundarios de los medicamentos) o de nuestra constitución (gen defectuoso) o inclusive del efecto de nuestro propio comportamiento (tabaco, alcohol, drogas, falta de higiene…) o de algún tipo de mala suerte.

Sin embargo, varias escuelas de pensamiento plantean la hipótesis de una relación entre un sufrimiento psíquico y la aparición de ciertas enfermedades. Es en este caso cuando hablamos de somatización.

Cuerpo y alma

La somatización es un daño corporal real: sufrimos una «verdadera» enfermedad, a veces muy grave, incluso mortal. Debe distinguirse claramente de lo que se denomina la «conversión», que es una afectación funcional: en este caso, el órgano afectado no funciona aunque no sufra ninguna lesión. Por ejemplo, la pérdida del habla, de la vista, la parálisis de algunos miembros pueden deberse a un *shock* psíquico.

Recuerdo a una joven que había perdido repentinamente el habla. Los exámenes a los que se sometió no mostraban ninguna anomalía. Esta afasia apareció el día previsto para su boda… Su «futuro marido» la había abandonado el día anterior, anunciándole que había conocido a otra mujer. Ella se despertó muda el día que debería haber dicho «Sí». Esta palabra que se había vuelto imposible había vuelto imposibles a todas las demás.

Nuestro cuerpo vibra con emociones, pensamientos y recuerdos, contrariamente al de la ciencia médica que con demasiada frecuencia olvida que tenemos un alma porque no la ve. Nos sentimos bien o mal, nos duele, nos gustan o nos disgustan nuestras manos, nuestra nariz, nuestras piernas por razones que generalmente son inconscientes y que la medicina ignora. Es decir, que nosotros «invertirmos» tal o cual parte de nuestro cuerpo por razones que en realidad se nos escapan.

Un médico amigo me envió a Myriam, que sufría de hipocondría,[3] según me había escrito. Durante una sesión, Myriam me explica que no le gusta su vientre.

—¡Es feo, es grande!

Myriam es una persona delgada, practica mucho deporte y su vientre es visiblemente plano. Se lo digo y considera que tengo razón, pero me dice que se siente así. O sea, estamos de acuerdo, pero no avanzamos mucho más.

En la siguiente sesión, me dice:

—Creo que he comprendido algo sobre este vientre que no me gusta... Perdí un bebé.

He aquí lo que me cuenta: embarazada de su tercer hijo y después de dos abortos, descubre que su marido la engaña. La relación de pareja se deteriora y, a los ocho meses, Myriam siente que su hijo está muerto. Provocan el parto, está sola, su marido tiene otra cosa que hacer.

—Desde entonces, mi vientre está muerto –me dice.

Su marido se fue y se vio obligada a arreglárselas sola con sus dos hijos, no tiene tiempo de ocuparse ni de sí misma ni de su dolor, que deja de lado.

Le digo que me hable del bebé: era una niña, Rosa, cuyas cenizas guarda en su casa, en una cómoda, con una foto que hizo el hospital y que le dio un año después, cuando la pidió. Hace trece años que la pequeña Rosa nació muerta. Myriam se pregunta en voz alta: quizás ahora podría juntar las cenizas de Rosa con las de su abuela, la madre de Myriam, fallecida recientemente. Rosa estaría segura, alguien se ocuparía de ella. Yo confirmo. Tal vez la hija de Myriam podría acompañarla cuando vaya a esparcir las cenizas y quizás también el padre de Rosa con el que finalmente se lleva bien. Yo confirmo. Así pues, Myriam organiza mentalmente la ceremonia hablándome de ese hermoso lugar donde se esparcirán las cenizas de Rosa, justo al lado de donde nació, donde vivía su madre. Cambia repentinamente de

---

3. La hipocondría es el miedo permanente a estar enfermo.

tono para decir: «Mi hija está intentando tener un hijo… Tal vez sea posible». Yo confirmo. Al irse, Myriam me dice que está contenta con el trabajo que hacemos juntas, que le permite ser más inteligente y alegre.

Es frecuente que se produzca una somatización después de un acontecimiento que nos afecta profundamente: hemos vivido un *shock*, hemos sido abandonados, humillados, violados. El sufrimiento mental es tan insoportable que de alguna manera deriva hacia el cuerpo, éste sufre y expresa el sufrimiento, y a veces lo nombra con gran claridad.

UNA ESCLEROSIS MÚLTIPLE

Vincent tiene esclerosis múltiple. La fecha concreta de su origen la tiene muy clara: un árbol cayó sobre el amigo que le ayudaba a talarlo, fracturándole la columna vertebral y dejándole paralizado. «*Shock* del accidente, desesperación de mi amigo, pena, culpabilidad, me vuelvo inmóvil como él», me dice. Parece que vive esta enfermedad como el pago de un error que habría cometido, como si eso pudiera aliviar a su amigo, como si compartir la parálisis con su amigo le aliviara a él mismo. Me lo confirma tranquilamente cuando le comparto esta impresión.

Vincent desarrolló su enfermedad después de un *shock*: el accidente que acabó con el estilo de vida que compartía con su amigo. Se enferma de dolor y, al final, experimenta la misma discapacidad que su amigo.

Las «fechas aniversario»

Al igual que la rememoración, la somatización puede desencadenarse por estímulos presentes en la situación actual y que recuerdan una situación anterior. A veces somos felices, a veces estamos tristes, sin saber por qué. En nuestro país, predominantemente cristiano, la mayoría de nosotros asociamos Navidad/25 de diciembre/fiesta familiar/

regalos a la alegría, como para las fechas de aniversario, las bodas o los éxitos personales. Recordamos igualmente, pero sin saberlo, fechas relacionadas con acontecimientos angustiosos o dolorosos. La fecha de un acontecimiento es uno de los estímulos grabados inconscientemente y puede ser la causa de una «crisis» en la que expresamos corporalmente la angustia relacionada con el acontecimiento.

EL 14 DE JULIO

Una amiga me explica: «Varios años seguidos, he sufrido graves ataques de ansiedad alrededor del 14 de julio, hecha un ovillo en el fondo de mi cama, con la impresión de una mordaza que me impedía respirar. Un día, finalmente, me acordé de que yendo al hospital unos años antes para someterme a una operación grave y ver los carteles del gran baile del 14 de julio, me preguntaba si seguiría viva para entonces y en qué condiciones. Tras esa toma de conciencia, en los años siguientes volvieron mis angustias, pero entonces pude decirme: "Es normal, ¡es el 14 de julio!", y tranquilizarme rápidamente. Después, esas angustias desaparecieron del todo».

PRIMO LEVI, ¿SUICIDIO? ¿ACCIDENTE?

En un escrito publicado en 2004 por la editorial Gallimard con motivo de la publicación de *La escritura o la vida,* Jorge Semprún relata las circunstancias en las que comenzó a escribir este libro:

El inconsciente, o lo que sea, me había jugado una mala pasada: ese sábado 11 de abril era el aniversario de la liberación de Buchenwald y la primera noticia que escuché al día siguiente fue la noticia del suicidio de Primo Levi... en esas circunstancias, obviamente, tenía que acabar este libro.

El hecho de que Primo Levi se suicidara fue puesto en duda y algunos prefieren pensar en la posibilidad de que le ocurriera un accidente.

Judío y combatiente de la Resistencia antes de convertirse en escritor, Primo Levi fue internado en Auschwitz. Esta fecha del 11 de abril puede reavivar recuerdos tan mortíferos que una caída accidental es tan plausible como un suicidio.

Las fechas de aniversario son muy poderosas, tienen que ver con nuestra vida. Profundamente arraigado en nosotros, el aniversario de la fecha de nacimiento puede funcionar como una especie de sirena de alarma que nos prohíbe ir más lejos, como nos ocurrió a mi amiga Denise y a mí, con algunos años de distancia.

ANIVERSARIOS EN EL HOSPITAL

18 de junio de 2012. Tengo una bronquitis y tomo mis medicamentos habituales, con una variante: disuelvo la penicilina en un zumo de pomelo...[4] e inmediatamente me doy cuenta de que no debería haberlo hecho: tengo la sensación de que mi cerebro explota, que hace burbujas, ardo de calor y mi piel me pica terriblemente. Me da tiempo, antes de desmayarme, de avisar a una amiga enfermera que llama a la ambulancia: es un *shock* anafiláctico. Al día siguiente, 19 de junio, celebraremos mi cumpleaños en el hospital.

12 de agosto de 2018. Mi amiga Denise, que regresa de un viaje, me llama desde un hospital a donde fue, alertada por una violenta hemorragia. Los resultados de los exámenes indicarán que ha sufrido una colitis isquémica, efecto secundario del antiinflamatorio que le habían prescrito para una tendinitis invalidante. Celebraremos su cumpleaños en el hospital.

¿Qué pasó para que medicamentos que deberían habernos curado, por el contrario, provocaron un verdadero problema de salud? Por supuesto, una mala química entre nuestro cuerpo y la medicina. Pero tanto el uno como el otro hemos causado, de alguna manera, este problema: ¿por qué he tomado de repente la penicilina con un zumo de pomelo? ¿Por qué Denise sobrecargó sus hombros en un hermoso

---

4. Generalmente ignoramos que el zumo de pomelo multiplica los efectos secundarios de ciertos medicamentos.

día de tirolina? Esto parece un lapsus freudiano. En la fecha de nuestro aniversario, como si no tuviéramos que vivir más allá de esa edad, como una amenaza de muerte.

Más tarde, recordé que tenía 12 años en 1962 cuando mi tiránica abuela Alice murió a los 62 años. En 2012, cumplí 62 años.

«El muerto se apodera del vivo». Me apropio de esta expresión de Anne Ancelin Schützenberger, que dirigía un grupo de psicodrama en el que participé durante casi una década. Ella contextualizaba nuestros pequeños y grandes dramas resituándolos en la historia familiar y en la Historia. Este enfoque daba un sentido totalmente distinto a nuestros problemas y, descentrando el punto de vista, permitía un cambio tranquilizador y liberador.

De hecho, «El muerto se apodera del vivo por su línea sucesoria más cercana» es una expresión del derecho que significa que la herencia de una persona pasa por derecho a sus herederos vivos.

La memoria de las fechas, «objetos abstractos» a los que apenas prestamos atención, es uno de los aspectos más fascinantes de la memoria inconsciente. Parece muy difícilmente accesible a la rememoración voluntaria, ya que funciona más bien por un mecanismo parecido a las asociaciones de ideas.

La cronobiología, que estudia los ritmos biológicos, puso de relieve que todas las funciones corporales esenciales (digestión, respiración, producción de hormonas, sueño…) tienen variaciones de intensidad regulares día a día en un período de tiempo de veinticuatro horas. Este ritmo viene dado a la vez por la luz (alternancia de día y de noche) y por un reloj interno que se sitúa en el hipotálamo. Según el Inserm,[5] son una quincena de «genes reloj» para regular los relojes específicos de cada uno de nuestros órganos. El desajuste de estos ritmos, producido tanto por el trabajo nocturno como por una dieta desequilibrada o la utilización de pantallas a altas horas de la noche, es fuente de enfermedades.

Estos «genes reloj», por lo tanto, son capaces, con el apoyo de la luz exterior, de organizar un tiempo corporal regular que comienza al despertar y termina justo antes del siguiente despertar, veinticuatro

---

5. www.inserm.fr/information-en-sante/dossiers-information

horas más tarde. Entonces, ¿por qué no imaginar «genes calendario» que contarían los días y recordarían las fechas? Quizás esto explicaría las habilidades de los «sabios calendarios», esas personas que son capaces de decir en una fracción de segundo a qué día de la semana corresponde una fecha determinada[6] (¿el 17 de marzo de 1689 era un jueves o un sábado?).

La memoria de las fechas está tan profundamente inscrita en nosotros que se manifiesta incluso en fechas de nacimiento, como muestran muchos árboles genealógicos. Veremos que algunos de nosotros nacemos —o morimos— en el aniversario de acontecimientos que marcaron profundamente a los padres o que se remontan a varias generaciones atrás.

A Miriam no le gustaba su vientre y vivía con el temor permanente de estar enferma sin estarlo, pero Vincent se siente responsable de la parálisis de su amigo y se paraliza. Este vínculo causal entre un problema psíquico y una manifestación corporal es lo que llamamos «psicosomático».

El hecho psicosomático

Me he preguntado mucho sobre la somatización a partir del psicoanálisis sin lograr suscribir lo que éste dice. Despreciado y ridiculizado por demasiado innovador y, sin duda, excesivo, uno de los primeros psiquiatras-psicoanalistas que ha explorado la idea de la existencia de vínculos entre nuestra mente, nuestra historia personal y familiar, la ideología en la que estamos inmersos y las enfermedades, es Wilhelm Reich. Después de él, otros psicoanalistas han trabajado esta cuestión. Pero sin tener en cuenta, al parecer, el dolor psíquico de los psicosomáticos. De hecho, Joyce McDougall,[7] ella misma psicoanalista, escribe para desmarcarse: «Las revistas consagradas a la psicosomática subrayan la ausencia de afecto, la falta de capacidad imaginativa y la dificultad de comunicación verbal» de los psicosomáticos. Numerosos

---

6. *Véase El síndrome del sabio,* pág. 89.
7. Joyce McDougall, *Teatros del cuerpo.* Editor Julián Yébenes, 1995.

teóricos del psicoanálisis describen a los psicosomáticos como personas con estructuras psíquicas especialmente pobres y que tienen un
pensamiento denominado operativo, es decir, utilitarista, concreto,
sin asociación de ideas... De esta manera omiten comprender que el
sufrimiento a veces puede ser tal que resulte imposible verbalizarlo.

En *Terapia Gestalt,* libro fundador de esta práctica psicoterapéutica,
Frederick Perls, Ralph Hefferline y Paul Goodman son bastante radi-
cales: la enfermedad sería el resultado de varias etapas, en primer lugar
la represión de las emociones que lleva a su olvido, luego el olvido
mismo de la sensación de las emociones. ¡Terminaríamos así como un
enfermo que ya ni siquiera sabe lo que es una emoción!

Por mi parte, habiendo sufrido muchos y, a veces, graves problemas
de salud, no puedo identificarme con estas interpretaciones que añaden vergüenza y pena. «Estás enfermo, es la malicia que vuelve a salir»,
solía decirme mi padre.

La somatización plantea la cuestión de la relación entre el cuerpo
y la mente. Bloqueada en un «pienso, luego existo», nuestra cultura
nos ha enseñado a disociarlos... Pero ¿cómo pensaría si no tuviera
un cuerpo? Es difícil de entender y aceptar que nuestras emociones,
impalpables, puedan provocar trastornos somáticos, incluidos los más
graves. Sin embargo, aunque es delicado ser categórico o generalizar,
ciertas enfermedades –desde las más inocuas, como un resfriado, hasta
las más graves, como cáncer o un AVC[8]– son a veces somatizaciones, es
decir, la expresión corporal de un sufrimiento mental. Evidentemente,
no es el caso de todas las enfermedades, en particular las profesionales
(absorción de polvo de carbón o de amianto), las enfermedades de
transmisión (por vía sexual, cutánea o a través de la tos), o las intoxi-
caciones (agua no apta para el consumo, medicamentos).

La escuela de descodificación biológica[9] interpreta la enfermedad
como una respuesta biológica de adaptación a una situación o una
experiencia que no se puede manejar porque es demasiado estresante o
dolorosa. Las migrañas de Sandrine ilustran bien esta idea.

---

8. Un accidente cerebrovascular.
9. Salomon Sellam; Christian Flèche.

Sandrine, con la que llevo un tiempo trabajando, es propensa a los ataques de ansiedad y a las migrañas… como su madre. Pero mientras se da perfecta cuenta de que su madre «tiene migraña cada vez que se enfada», obviamente, le resulta más difícil ver lo que provoca sus propios ataques. Me explica que todavía no se ha recuperado de la gran angustia y la migraña que padeció, el día anterior, 3 de septiembre.

Le pregunto si hay un acontecimiento en particular en esa fecha: sí, es el cumpleaños de su padre… Y, por cierto, también de su segunda esposa, ¡nacieron el mismo día, el mismo año y en el mismo lugar! Exploramos la posible emoción relacionada con ese cumpleaños, pero Sandrine dice que no existe ninguna. Y de repente hace una asociación:

—Ah –dice, hay otra fecha de aniversario, el aniversario de su boda… Mi padre se volvió a casar el día del cumpleaños de mi madre…

Un momento después añade:

—Creo que quiso arrasar el cumpleaños de mi madre.

Nos quedamos en silencio. Los padres en conflicto, divorciados o no, no se dan cuenta de lo que les hacen a sus hijos.

Una fecha de aniversario escondía otra. Es el desplazamiento descrito por Freud,[10] un mecanismo de protección con respecto a algo que uno prefiere olvidar y que finalmente se nombra sin nombrarlo mientras se le nombra, ya lo hemos visto con los recuerdos-pantalla. El «¡Ah!» de Sandrine es como un suspiro del cuerpo para que la mente de repente haga conexiones liberadoras: «¡Ah! ¡Así que es eso, lo entiendo! Es un verdadero fuego artificial mental, un alivio. La angustia desaparece porque entendemos su origen y el hecho de identificarlo hace que desaparezca como tal.

¿Cómo podría Sandrine celebrar realmente el cumpleaños de su padre cuando éste aniquila el de su madre fijando en esa fecha otro acontecimiento para celebrar? Sus migrañas son su respuesta (lo aprendió de su madre) a la paradójica situación en la que la pone su padre.

La psicoanalista Alice Miller ha trabajado mucho sobre las dificultades de la infancia y se ha interesado especialmente en las consecuencias

---

10. En *La interpretación de los sueños*.

psicológicas y físicas de una educación muy represiva y/o abusiva. Ella piensa que la enfermedad proviene de la incapacidad para reconocer los sentimientos de odio que estos abusos han provocado. Esto me parece un poco virulento y, por mi parte, si no tengo dudas de que he odiado en mi adolescencia, luego estuve mucho tiempo habitada por un sentimiento de pena tal que pensé que podría llorar hasta el fin del mundo. Desde entonces he recibido a menudo a personas carcomidas por ese inmenso dolor. ¿Podemos imaginar que somos infelices porque nuestros padres nos prohibieron ser felices? No hay odio en el caso de Marie, pero sí ese dolor interminable, sin duda.

¿QUERÍAS DESCONECTARTE?

Un médico le hace esta pregunta durante una visita de control, mientras se recupera de un accidente cerebrovascular que la deja un poco discapacitada. Sin duda, sabe que puede hablarle así. Y cuando le pregunto de qué habría querido desconectarse, me responde que ella se preguntaba de manera obsesiva por qué no podía ser feliz cuando lo tenía todo: un marido al que amaba y que la amaba, hijos cariñosos y bien situados profesionalmente, una vida profesional que le convenía, una hermosa casa. Era como si no tuviera derecho a la felicidad y esta cuestión la obsesionaba… Hasta el punto de «enloquecer», me dijo. Cuando hablamos de su familia me cuenta… una madre depresiva, un padre sádicamente maníaco que daba la vuelta al jardín para comprobar que sus hijos no habían roto ni una flor ni una rama, una hermana a la que se le permitía todo porque «es infeliz», decía su madre, y esta frase prohibía incluso preguntarse sobre las razones de esa infelicidad. Prohibición de reír, de jugar, castigada si se ensuciaba y regañada si se quejaba. He aquí abusos que no dejan ningún rastro visible. A los 60 años, Marie no es plenamente consciente de todo lo que había vivido, sigue siendo algo opaco, pero ahora se ha dado cuenta de que la prohibición de ser feliz de adulta proviene de la prohibición de ser feliz de niña.

La pregunta del médico («¿Querías desconectarte?») no le sorprende a Marie –tiene sentido– ni tampoco el hecho de que le pregunte de qué.

Ella sabe que quería «desconectarse», liberar sus pensamientos de esta pregunta obsesiva: «¿Por qué no puedo ser feliz?».

Existen diccionarios que sugieren vínculos entre un problema y una enfermedad u órgano. Se han establecido a partir de las observaciones recogidas por sus autores. Evidentemente, es difícil verificar sus propuestas. Pero el vientre de Myriam, la esclerosis múltiple de Vincent o el accidente cerebrovascular de Marie nos muestran que algunas enfermedades se expresan simbólicamente. El inconsciente se involucra cuando se reprime el sufrimiento. El cuerpo habla nuestro idioma y nuestras palabras expresan nuestros males. Algunos problemas de espalda estarían relacionados con «estar harto»,[11] los de las rodillas con una articulación difícil entre el «yo» y el «nosotros»,[12] la alergia a los abedules podría esconder una alergia al «trabajo»...[13]

Lo vemos, nuestro cuerpo habla nuestro idioma, eso explica por qué en algunos casos la enfermedad afecta a un órgano en lugar de a otro y por qué adopta una forma en lugar de otra.

El simbolismo de las enfermedades

Nuestros órganos tienen culturalmente un significado especial: el corazón, por ejemplo, sería la sede del amor. Este tipo de creencias no tienen en cuenta el significado personal de un órgano o de una enfermedad para una persona en función de su imaginación o de lo que ha vivido realmente.

—El médico me dijo que mis piernas no funcionaban, pero no importa.

—¿Por qué? –preguntó Tistou.

—Porque no tengo adónde ir.[14]

---

11. En francés, juego de palabras entre *dos* ('espalda'), y la expresión *plein le dos* ('estar harto'). *(N. de la T.)*
12. *Ídem*, entre *genoux* ('rodillas'), y *je* ('yo') y *nous* ('nosotros'). *(N. de la T.)*
13. *Ídem*, entre *bouleaux* ('abedules') y *boulot* ('trabajo'). *(N. de la T.)*
14. Maurice Druon, *Tistú*, el de los pulgares verdes, Editorial Juventud, 2002.

Triste y poética constatación, que nos muestra un «desplazamiento» aplicado por una asociación de ideas: las piernas y un lugar a donde ir; entre un órgano y su función: en efecto, ¿de qué sirven las piernas si no hay ningún sitio donde ir?

Juegos de palabras, desplazamientos, reencontramos las características del inconsciente descrito por Freud. El profesor de la Universidad de Sherbrooke (Quebec) y especialista en cirugía colorrectal, Dr. Ghislain Devroede,[15] ha observado que el desplazamiento también puede hacerse de un órgano a otro. Por eso ha desarrollado técnicas psicoterapéuticas que evitan operaciones innecesarias después de haber comprobado que numerosas afecciones del colon (no todas) eran consecuencia de abusos sexuales: en este caso, es un desplazamiento del sistema genital al sistema digestivo que se confunden en «el vientre». El trabajo de psicoterapia que practica permite a la persona establecer un vínculo entre la violencia sexual que ha sufrido y sus trastornos, y en la mayoría de los casos conduce a la curación del síntoma excluyendo la operación.

El predominio de los valores

En la somatización, el proceso incluye el cuerpo[16] en una unidad cuerpo-psique. Ésta es probablemente la razón por la que algunas enfermedades cobran sentido por los efectos que provocan, cualquiera que sea el coste para el enfermo. Ariane pagará con su vida la dificultad familiar para expresar el amor sin vincularlo a la muerte.

MIS HIJOS LO SON TODO PARA MÍ

Enferma de cáncer con metástasis, Ariane me explica lo que ha entendido: «Mi madre fue una niña maltratada. Llevo esto dentro de mí. Ha sido muy dura conmigo, sólo puede mostrar su afecto de madre si sus

---

15. Ghislain Devroede, *Ce que les maux de ventre disent de votre passé,* Payot, 2003.
16. La palabra «cuerpo» no aparece como epígrafe en el *Vocabulario de psicoanálisis,* de Laplanche y Pontalis.

hijos están en peligro de muerte. Eso es lo que pasa. Me dijo que preferiría tener esta enfermedad para que yo no la tuviera... Tuve dolor de estómago durante tres meses antes de que el cáncer se declarara... Pasó cuando mis hijos se fueron, sin embargo, los criamos para que fueran autónomos, pero son el fruto de mi vientre...».

Su marido trabajaba, se ocupaba del jardín y de la mayoría de las tareas domésticas, convirtiendo su hogar en una prisión dorada para Ariane, que no pudo ni supo encontrar otro papel, otros intereses que los de ser madre. Está totalmente dedicada a sus hijos, para un futuro en el que vivirían sin ella, sabiendo que eso no le convenía. La partida de sus hijos la «vació». Su cocina, el único lugar que le pertenecía en una casa donde cada objeto está tan en su lugar que parece deshabitada, está repleta de fotos de sus hijos y nietos hasta el punto de que no se ven las paredes. Su marido dice que tiene que quitar todo eso. Ella replica que no puede vivir sin ellos. Poco maternal, su madre sólo mostraba afecto por sus hijos cuando estaban muy enfermos y ha integrado que ser madre significa dedicarse a sus hijos enfermos... Y ahora, cuando sus hijos se han convertido en adultos y se han ido de casa, parece que no puede hacer otra cosa que morirse porque ya no puede desempeñar ese papel de madre.

Pero su cáncer ha sido «una revelación, un renacimiento, un clic». «Llevaba cincuenta y dos años luchando contra esa parte de mí que me ha impedido vivir porque no podía expresar mis sentimientos de amor. Finalmente, he podido decirle a mi marido que le quería. Se lo decía a mis hijos, pero a él no me atrevía a decírselo. Es como si mi cáncer me hubiera dado permiso para hablar... Y mi madre también..., hizo falta que tuviera este cáncer para que me dijera que me quiere».

Es como si la enfermedad le hubiera permitido vivir lo que era más importante para ella: el amor de sus seres queridos y su necesidad de oírlos decir que la quieren.

Frederick Perls, Ralph Hefferline y Paul Goodman introducen la idea de que los valores, es decir, los ideales que motivan nuestros actos y nuestros compromisos, se organizan jerárquicamente: para algunos, el afecto es lo más importante, para otros el éxito social y/o el dinero, para otros las creencias religiosas. Construimos nuestras vidas de acuerdo con esta jerarquía que hemos establecido o que hemos heredado. Las grandes epopeyas nos cuentan los actos de esos héroes para los cuales una idea o un deber son más importantes que la vida misma. Más cerca de nosotros, los hombres y las mujeres de la Resistencia como Danièle Casanova, Jean Moulin o Germaine Tillion dan testimonio de su compromiso por la libertad y por una cierta idea de Francia, arriesgando incluso sus vidas.

Los autores de *Terapia Gestalt* añaden que «la necesidad de amor, de una presencia, el hecho de evitar el aislamiento y la soledad, así como la necesidad de autoestima e independencia... ocupan un lugar destacado en la jerarquía de la dominación». Ariane o Vincent nos confirman que la manifestación de amor o la amistad pueden ser más importantes que el bienestar, el dinero, la salud e incluso la vida.

Por lo tanto, si reflexionamos sobre los acontecimientos o la situación psicológica en la que estábamos en el momento de la aparición de una enfermedad, podemos encontrar un sufrimiento psíquico relacionado con un duelo (la partida de los hijos es uno de ellos), una ruptura, un acoso, una situación desgastante (desavenencias o violencia en la familia, migración, vivir en la calle) y los abusos o los temores sufridos.

Pero ¿por qué procesos las emociones, los pensamientos, las reflexiones y el sufrimiento psíquico provocan enfermedades?

LA MEMORIA CORPORAL

Los considerables avances de la ciencia en los últimos veinte años nos dan algunas respuestas que, sin duda, serán enriquecidas en los próximos años. La vida es movimiento. Tendemos la mano, corremos, sentimos la respiración, los latidos del corazón y posiblemente las crispaciones de la digestión. Sin embargo, no tenemos conciencia de la actividad de nuestras hormonas, de las ondas generadas por el cerebro o del intercambio de células o neuronas, las unas con las otras, que constantemente recorren nuestro cuerpo con micromovimientos.

Observemos por ahora el ritmo de las ondas cerebrales, la extraordinaria red de comunicación que es el sistema hormonal y la asombrosa memoria de los tejidos. Nuestro cuerpo registra el estrés y el trauma, los *shocks* psíquicos permanecen inscritos en el organismo. Veremos cómo los pensamientos y las emociones tienen consecuencias sobre nuestros equilibrios bioquímicos y cómo los trastornos importantes y duraderos pueden producir un desequilibrio que, incluso, puede llegar a provocar la modificación de algunos genes… A continuación, entraremos en el ámbito de la transmisión invisible.

Las ondas cerebrales

El cerebro está formado por millones de células nerviosas que se comunican entre sí y emiten constantemente microimpulsos eléctricos, ondas, que se pueden medir por electroencefalografía. Las ondas son diferentes dependiendo de nuestro estado de vigilia o de sueño. Se identifican por su longitud, su amplitud y su velocidad. Cuando estamos despiertos y activos, son muy rápidas (ondas beta y gamma), cuando estamos relajados o dormidos se ralentizan (ondas alfa, delta, theta).

Técnicas como la meditación o la hipnosis nos permiten modular el ritmo de nuestras ondas, provocando así relajación, apaciguamiento e incluso insensibilidad al dolor. Pero en situaciones de estrés, el cerebro sigue produciendo ondas beta en lugar de pasar a ondas alfa. Ya no sabe encontrar el descanso. Estrés o trauma engendran una especie de pérdida de control cerebral, el insomnio se instala, y con él, otras disfunciones como la alteración del estado de ánimo, de la memoria o el debilitamiento del sistema inmunitario.

El eje hipotálamo-hipófisis-suprarrenal (eje HHS)

«Oigo detrás de nosotros resonar los pasos de la endocrinología, nos alcanzará y nos superará», escribió Freud en *Más allá del principio del placer*.[1] Observación de visionario en una época en la que la endocrinología estaba en pañales.

Se habla de «eje HHS» porque las glándulas que lo componen (el hipotálamo, la hipófisis y las glándulas suprarrenales) producen las hormonas indispensables para nuestro funcionamiento y trabajan juntas en el equilibrio fisiológico conectando el sistema hormonal con el sistema nervioso autónomo.

Este eje es el organizador general del equilibrio de nuestro cuerpo. Prácticamente controla todas las funciones y reacciones de nuestro organismo: el estrés, el sistema inmunitario, la digestión y la reproducción. Circulando por el torrente sanguíneo, las hormonas llegan a los tejidos que componen los sistemas tanto digestivo como respiratorio o muscular. Les transmiten información a estos tejidos al mismo tiempo que la recogen y luego la envían de vuelta al hipotálamo para su procesamiento.

Si todo va bien, estos intercambios nos aseguran un funcionamiento armonioso.

---

1. Citado por Jacky Chemouni, en *Psychosomatique de l'enfant et de l'adulte*, Éditions In Press, 2010.

Pero los traumas o el estrés de larga duración provocan un desequilibrio hormonal que nos intoxica y genera perturbaciones fisiológicas. Experimentos realizados con animales y estudios en humanos muestran que la perturbación del eje HHS conduce a una alteración del funcionamiento de los genes que aseguran la regulación de ¡este mismo eje! Los genes alterados se convierten en un soporte para la perturbación y la mantienen. La hiperactividad de este eje provoca una producción excesiva de glucocorticoides que son neurotóxicos y causan, en concreto, dificultades para reaccionar al estrés. En otras palabras, cuanto más estresados estamos, menos capaces somos de gestionar el estrés y más nos estresamos. Círculo vicioso del que es muy difícil salir.

La memoria tisular

Alrededor del esqueleto que constituye su estructura, nuestro cuerpo se compone de diferentes tipos de tejidos, es decir, conjuntos organizados de células similares, como por ejemplo, el tejido muscular o nervioso. Los tejidos se regeneran de sí mismos regularmente, pero los *shocks* físicos y emocionales permanecen grabados en ellos, formando una memoria complementaria a nuestra memoria mental.

El estrés afecta a los tejidos y las membranas y crea microlesiones que también pueden causar enfermedades. Los músculos y las fascias son testigos de los *shocks* que hemos sufrido. Así pues, la osteopatía conoce tres formas de memoria tisular. Una memoria estructural, la de los *shocks* físicos: me lesiono, tengo una cicatriz. Una memoria emocional relacionada con este *shock* físico: las circunstancias de mi herida son heroicas o ridículas. Y una memoria psicológica: mi cuerpo ha grabado una emoción ligada a este *shock*, por ejemplo la satisfacción que proporciona un acto heroico o la vergüenza del ridículo. De esta manera, «cada tejido traumatizado es único debido a la singularidad de la memoria estructural, emocional y psicológica asociada».[2]

Entre estos tejidos se encuentran las fascias. Compuestas de fibras entrelazadas, forman una membrana que rodea músculos, huesos,

2. Diagnosteo.com

nervios, de hecho, todos nuestros órganos, que se conectan entre sí. Su función es esencial, ya que contienen los receptores del sistema nervioso simpático, participan en los reflejos de huida y el dolor puede localizarse allí. Son elásticas y se movilizan según los movimientos antes de volver a su forma original. Tienen receptores de dopamina (la hormona del placer y la recompensa). Pero en caso de *shock* físico o de estrés, pierden localmente su elasticidad y se endurecen, pudiendo alcanzar un estado patológico.

Varias disciplinas recientes, reconocidas y practicadas por la profesión médica, utilizan técnicas de palpación extremadamente refinadas que permiten al profesional detectar posibles bloqueos de estos micromovimientos. Los percibe a partir de las diferencias de tensiones o vibraciones emitidas por el cuerpo. Estas zonas paralizadas son la huella de *shocks* que quedan en la memoria. Los profesionales curan y reestablecen la movilidad de estas zonas mediante masajes tan ligeros y precisos como sus palpaciones.

Partiendo de la constatación de que el estrés disminuye la energía muscular, la kinesiología utiliza variaciones del tono muscular para probar y reequilibrar las energías.

La fascioterapia restablece la movilidad del tejido dañado por el estrés estimulando las fascias mediante masajes y movimientos específicos.

La microkinesioterapia permite al profesional sentir las microlesiones generadas por el estrés y tratarlas. Esta técnica de palpación es tan refinada que permite describir y fechar el acontecimiento. Lo he experimentado. A lo largo de una sesión, la practicante pudo decirme que a los 11 años había vivido un traumatismo relativo a una historia de lugar. Ella estaba molesta porque no veía el sentido a lo que decía. Por mi parte, supe inmediatamente que se trataba de la «Mudanza». Mis padres hicieron varias, pero sólo una se llama «La Mudanza»: la que nos hizo abandonar nuestro pueblo de Vendée para ir a la ciudad de Chartres; un desgarro sentimental. Asombrada por esta precisión, le pregunté cómo lo había hecho. Me explicó que la ubicación de la microlesión daba una indicación sobre la identidad del *shock* emocional. Para la fecha: «Es simple, basta con contar —me dijo—, «la zona permaneció inmovilizada hasta que se llega a la fecha del *shock*; más allá, el micromovimiento vuelve a ser sensible». ¿Simple?

La memoria tisular funciona como la memoria mental: se despierta cuando experimentamos un acontecimiento que tiene un punto en común con un placer o un *shock* anterior.

Es sobre esa capacidad de nuestros tejidos para recordar tanto lo bueno como lo malo, donde se apoya la técnica del anclaje emocional de la PNL (Programación neurolingüística). «Anclamos» una sensación de bienestar asociando un recuerdo sensorial agradable (un buen olor, un paisaje que nos gusta) a una parte del cuerpo que tocamos; se establece entonces un vínculo psicocorporal entre el tejido y la evocación de la sensación placentera, lo que provoca el apaciguamiento. Más tarde, podemos recuperar una sensación de apaciguamiento tocando de nuevo esa parte de nuestro cuerpo que recuerda el bienestar.

En cambio, una amiga mía que había sufrido fuertes dolores de espalda como consecuencia de un accidente, del que se salvó por los pelos, constata que esos dolores reaparecen cuando tiene miedo. Más concretamente, su reaparición le indica que atraviesa un momento de dificultades familiares o profesionales que le asustan.

Así pues, tocar un lugar del cuerpo puede recordar y hacer revivir tanto una sensación deliciosa como una irritación o un rechazo, dependiendo de la sensación asociada. Los *shocks* físicos y emocionales se graban en nuestros tejidos, formando una memoria complementaria a nuestra memoria mental. La memoria corporal y la memoria mental se duplican y se refuerzan mutuamente.

Más allá de los tejidos, la intoxicación del organismo por el estrés y el sufrimiento psíquico alcanza incluso a las moléculas que permiten el correcto funcionamiento de algunos de nuestros genes.

Una herencia reprogramable: Los descubrimientos de la epigenética

«La epigenética es el conjunto de esas cosas raras y maravillosas que la genética no sabe explicar».[3]

---

3. Denise Barlow citada por Isabelle Mansuy en *Reprenez le contrôle de vos gènes*, Larousse, 2019.

Hacia 1820, Lamarck enunciaba esta ley (entre otras): «Todo lo que ha sido adquirido, trazado o cambiado en la organización de los individuos a lo largo de su vida, es conservado por la generación y transmitido a los nuevos individuos que provienen de aquellos que han experimentado esos cambios». Inexplicable e incomprensible, porque faltándole la información científica de la que disponemos hoy en día, su teoría fue despedazada por la de Darwin.

Desde entonces, hemos vivido en la creencia de un todo genético cuyo interés y progresos médicos no podemos dejar de admirar. Pero el reciente descubrimiento de los llamados mecanismos epigenéticos es una revolución en nuestra comprensión de la vida... y de los mecanismos transgeneracionales.

El estrés, el dolor y el trauma alteran nuestros genes, esta alteración es transmisible pero un entorno afectuoso y benevolente puede repararla.

Al igual que la genética, la epigenética[4] trata de la herencia... al tiempo que demuestra que no es tan hereditaria como se ha pensado durante mucho tiempo. Aunque la capacidad innata es esencial para adquirir habilidades (puedo aprender a caminar o a nadar, pero nunca aprenderé a volar), la epigenética muestra que lo adquirido de una generación puede convertirse en innato en las generaciones siguientes sin por ello permanecer innato, porque el hecho de que la transmisión del trauma sea epigenética, es decir, no codificada en el ADN, implica que el carácter adquirido y transmitido es inestable y, por lo tanto, transformable.

Para entenderlo, es preciso volver al principio, cuando las dos células específicas (óvulo y espermatozoide) se encuentran dando lugar a una nueva célula (el óvulo fecundado: el cigoto) en el seno de la cual se emparejan, en un orden muy determinado, los veintitrés cromosomas paternos y los veintitrés cromosomas maternos.

Esta primera célula se divide y da lugar a dos células que, a su vez, se dividen para crear los miles de millones de células que componen nuestro cuerpo y que se renuevan constantemente. Todas las células tienen el mismo ADN. El ADN es una cadena de genes (alrededor de 25 000) que se encuentra en el núcleo de cada una de nuestras células. Contiene la información genética que nos fabrica.

---

4. *Epi* es una raíz griega que significa 'por encima de'.

En el ser humano, el ADN se compone de cuatro nucleótidos organizados de dos en dos en un orden muy preciso que da el código genético. Sólo el 1 % de esta secuencia es ADN «codificante», es decir, traducido a proteínas bajo la acción del ARN[5] mensajero. El 99 % restante, aunque «no codificante», es indispensable, ya que contiene la información que permite la expresión de los genes.

Un gen se caracteriza tanto por su posición en el ADN como por su constitución. Para que un gen «se exprese» correctamente, su código debe ser descifrado correctamente. La función del ADN no codificante es permitir que los genes se expresen. Los genes no se expresan todos al mismo tiempo en todas las células (es lo que explica que no se desarrollen de la misma manera).

La expresión de los genes se provoca por la acción de determinadas proteínas y por modificaciones químicas (metilación, acetilación). El ejemplo más simple es el de las abejas reinas: su ADN es el mismo que el ADN de las abejas obreras, pero se alimentan exclusivamente de jalea real y son especialmente mimadas (los cuidados que reciben son una variable esencial de la transmisión epigenética). La alimentación y un entorno amable activan el gen que las convierte en reinas por una modificación química del genoma. En general, la calidad de nuestra dieta es esencial para nuestro equilibrio fisiológico e incluso para el de nuestros nietos. La calidad del entorno afectivo puede reparar la alteración de la expresión de ciertos genes, permitiendo así la reparación y la resiliencia.

Los procesos de activación o bloqueo de genes son extremadamente sensibles al entorno y a nuestro comportamiento. «Entorno» entendido en un sentido muy amplio: es el espacio en el que vivimos (rural o urbano), más o menos contaminado, círculo familiar, amistoso y profesional, confort material y perspectivas de futuro o no, amenazas a nuestra vida, guerra o paz, amenazas sanitarias (la epidemia de coronavirus de 2020, por ejemplo). Nuestro comportamiento, ya sea voluntario o impuesto, afecta tanto a nuestra alimentación como al he-

---

5. El ARN (ácido ribonucleico) es indispensable para el transporte del mensaje genético, es el intermediario (el «mensajero») entre el ADN y la síntesis de las proteínas.

cho de practicar una actividad física o de estar atrapado en un trabajo extenuante o con horarios irregulares, o fumar o el consumo excesivo de alcohol o de azúcar... Por lo tanto, puede suceder que nuestro entorno sea perjudicial, puede suceder que nuestro comportamiento sea tóxico. En este caso, el desequilibrio de los sistemas neurovegetativo y hormonal modifica la expresión de algunos de los genes.

Desde hace varios años, investigadores de diferentes laboratorios y especialidades han mostrado que existe una fuerte correlación entre los malos tratos sufridos en la infancia y la alteración de las posibilidades de expresión de algunos genes. Se realizan experimentos en animales de laboratorio estresados. Estudios que se refieren a poblaciones de personas que han sufrido traumas graves, tanto intrafamiliares como colectivos, como los sobrevivientes de genocidios, atentados o catástrofes. Estos estudios muestran que las modificaciones epigenéticas de determinados genes conducen a modificaciones del eje HHS,[6] que interviene en la gestión del estrés, la adaptabilidad a los acontecimientos o la regulación de las emociones.

Las consecuencias fisiológicas, psíquicas y psicológicas del estrés repetido y del trauma pueden ser duraderas y manifestarse años más tarde. No obstante, no son definitivas y pueden ser transformadas.

Si las células afectadas por la modificación de la expresión de algunos genes son células somáticas,[7] esta transformación puede causar trastornos somáticos o psicológicos de diversa gravedad para la persona en cuestión, y sólo para ella. Esto es lo que hemos visto con el estrés postraumático y la somatización.

Si esta modificación de la expresión afecta a las células germinales, las células que, para los humanos, están en el origen de espermatozoides u óvulos, puede suceder que, a veces, la modificación de la expresión de un gen se transmita a los hijos, y con ella la fragilidad que induce. Es en este proceso que lo adquirido en una generación puede convertirse en innato para las siguientes.

---

6. Nader Perroud, «Maltrato infantil y mecanismos epigenéticos», *Information psychiatrique*, 2014, vol. 90, n.º 9, págs. 733-739.
7. Las células somáticas constituyen nuestro cuerpo, las células germinales están en el origen de la reproducción.

Por lo tanto, la somatización es un daño real y muy profundo del organismo, tan profundo que incluso afecta a nuestros genes y que, de esta manera, podemos transmitir fragilidad fisiológica y psicológica a nuestros descendientes. El papel del entorno, y en particular del afectivo, es esencial. La familia está en primera línea para proteger, o no, a sus hijos. Por lo tanto, ahora tenemos que descubrir la familia y las estructuras invisibles que organizan vínculos emocionales tan especiales.

LA FAMILIA, TODO UN MUNDO...

El cliché familiar relativamente simple del mundo occidental según el cual la familia está formada por un padre, una madre, hijos, abuelos y allegados ha evolucionado mucho en los últimos cincuenta años. Hoy en día, los modelos son bastante numerosos: familia nuclear o extensa (varias generaciones cohabitantes), familias monoparentales o, por el contrario, familias reconstituidas que hacen vivir como hermanos y hermanas, juntos y alternativamente, hijos que no tienen vínculos biológicos, parejas del mismo sexo...

Cada familia es única. No obstante, forma parte de un conjunto mucho más amplio que ella misma y depende de leyes más generales de la sociedad a la que pertenece. La sociedad está compuesta por grupos y subgrupos: las religiones, las escuelas, las empresas, las asociaciones, por ejemplo. La familia comparte con éstos un idioma, unos valores, unos rituales, una manera de cocinar, una manera de ser común, lo que llamamos una cultura. El ser humano es un ser de intercambios afectivos, económicos o con el entorno, sin los cuales no podría vivir. El gran antropólogo Marcel Mauss[1] ha mostrado que «dar, recibir, devolver» son las acciones inseparables las unas de las otras que cimientan una sociedad organizando intercambios entre grupos y personas.

La alianza y las generaciones

La creación de una familia supone una alianza entre dos personas o dos grupos, dos partes diferenciadas, cada una aportando algo a la

---

1. *Ensayo sobre el don*, Editorial Katz, 2010.

otra. Elegida o impuesta, según las tradiciones, la familia puede ser posible o, por el contrario, prohibida entre determinados grupos étnicos o religiones.

La alianza matrimonial es una de las modalidades de un funcionamiento sin el cual las sociedades humanas no existirían. Para que haya intercambio, es necesario que sea establecida una distinción entre lo que pertenece a uno o al otro, lo que es de uno y del otro. El don conlleva un contra-don (devolver) y la calidad de los vínculos se forja tanto en la capacidad de dar, como en la de recibir y después en la de devolver. Los objetos intercambiados pueden ser tanto materiales como simbólicos en el sentido de que representan algo que no son (moneda, bandera). Entre los objetos que circulan, se intercambian y forman un vínculo, figuran los seres humanos. Para Claude Lévi-Strauss, las alianzas matrimoniales son alianzas entre hombres que intercambian sus «posesiones más preciadas»: las mujeres.[2]

Más allá de la diversidad de las formas de familia y de las reglas de alianza, todas las sociedades, independientemente de su organización y grado de desarrollo tecnológico, han establecido un «tabú del incesto». Esto es, por definición, la prohibición de relaciones sexuales entre determinados miembros de la familia y por supuesto entre padres e hijos. Se trata de una prohibición legal, moral y religiosa, que toma diferentes formas dependiendo de si estamos en un sistema patrilineal (el linaje se define por el padre legal) o matrilineal (el linaje se define por el clan de la madre). La prohibición del incesto fija el orden de las generaciones en una familia.

Así pues, los miembros de la familia están vinculados entre sí por relaciones de alianza deseadas o impuestas (que forman la base de la pareja parental) y las relaciones de filiación (que constituyen la base de los linajes, sucesiones de generaciones pertenecientes a la familia). «Alianza» implica ayuda económica mutua y eventualmente relaciones sexuales; «filiación» designa ayuda económica y prohibición de relaciones sexuales.

---

2. Desarrollado en *Las estructuras elementales del parentesco* (Paidós, 1981), esta teoría ha sido asumida por la mayoría de los etnólogos.

La familia, ¿un sistema?

Procedentes de horizontes tan diferentes como la antropología, la psiquiatría o la cibernética, el grupo de investigadores conocido como la Escuela de Palo Alto[3] aplicó el análisis sistémico a la familia. Un sistema se define como una célula compuesta de elementos, asociados dentro de un conjunto identificado que establece una especie de frontera más o menos porosa con su entorno. Los elementos que lo componen están vinculados por leyes que definen sus relaciones los unos con los otros. Para garantizar su supervivencia, debe mantener o restablecer su equilibrio. Sus elementos se comunican entre sí y la modificación de uno de ellos implica una modificación de todos los demás, porque se ajustan permanentemente entre sí.

Aplicada a las relaciones humanas, esta teoría interpreta nuestros comportamientos al resituarlos en un conjunto que les da sentido. Las interacciones entre unos y otros engendran sus comportamientos, el sistema evoluciona manteniendo –o al menos intentando mantener– su equilibrio y su identidad. Así pues, los padres que suelen ser tranquilos y benévolos pueden enfadarse, y a veces mucho, cuando sus hijos, generalmente simpáticos e inteligentes, se niegan a aprender sus lecciones o a hacer correctamente sus deberes escolares. Cuando esta situación termina, unos y otros vuelven a sus comportamientos normales, la familia sigue siendo la misma. Sin embargo, algunas disputas y resentimientos familiares adquieren tales proporciones que los miembros de la familia se enfadan para siempre, el sistema ha explotado.

Pensar en la familia como un sistema va en detrimento de la posición habitual que ve el comportamiento o el «carácter» de una persona como un atributo individual, sin comprender la totalidad de la situación que le condujo a comportarse como lo hace.[4] Las investigaciones de la Escuela de Palo Alto han mostrado cómo el desequilibrio psicológico de algunas personas es una respuesta al funcionamiento implícito de

---

3. Gregory Bateson, Richard Fisch, William Fry, Jay Haley, Donald D. Jackson, Paul Watzlawick y John Weakland.
4. «Al río que todo lo arranca lo llaman violento, pero nadie llama violento al lecho que lo oprime». (Bertolt Brecht).

su familia y su posición en el sistema. Su trabajo es el origen de la terapia familiar y de lo que se ha llamado la «antipsiquiatría».[5]

Porque si la familia tiene las características generales de un sistema, también tiene algunos rasgos que la convierten en un sistema muy específico. El sistema-familia es, por esencia, intrínsecamente desigual: todos los elementos que lo componen, padres, hijos, pero también abuelos, tíos, tías y otros colaterales, ocupan lugares que determinan roles y responsabilidades diferentes. Esta desigualdad es normal: un bebé, más tarde un niño, necesita a sus padres, o a otros adultos, para sobrevivir. Cada uno da, recibe y devuelve como puede dar, recibir y devolver: alimentos, mimos y confort (se espera) para unos; sonrisas, alegría o llanto y, más tarde, afecto, comportamiento, habilidades específicas para otros.

La llegada de un hijo, y sobre todo el primero, es un momento de transformación radical de la familia. La posición de cada uno de sus miembros y sus relaciones cambian: los adultos, hasta entonces hijos de padres, se convierten a su vez en padres de hijos.

Estamos atrapados en el tejido de las relaciones familiares antes incluso de nuestro nacimiento, por las expectativas de nuestros padres y de la familia hacia nosotros. Los miembros de la familia y sobre todo de los padres, imaginan lo que seremos, lo que seremos... para ellos. El hijo es un portador de sueños, a menos que se conciba en condiciones especialmente dramáticas. Deberá lograr lo que sus padres no pudieron o no supieron hacer. Las expectativas de los padres están condicionadas por su jerarquía de valores: éxito social, felicidad o altruismo. La misión del niño es encarnar lo mejor posible el valor dominante de los padres (o del progenitor dominante), éste es el objetivo de la educación que se le dará. También deberá mostrar por su comportamiento que sus padres son buenos padres.

---

5. La antipsiquiatría reprocha a la psiquiatría el cuidado de las personas afectadas con trastornos psíquicos sin tener en cuenta ni su entorno social y familiar ni su historia. Considera que la esquizofrenia es el resultado de comunicaciones paradójicas y refuta la mayor parte de los tratamientos médicos propuestos por la psiquiatría. El término «antipsiquiatría» fue acuñado por el psiquiatra David Cooper.

Inspirándose en la teoría que Mauss aplicó a la familia, el psicoterapeuta estadounidense de origen húngaro Ivan Boszormenyi-Nagy muestra que las relaciones familiares se construyen sobre una base común a todas las familias, con, sin embargo, modalidades diferentes. Su enfoque es particularmente interesante en cuanto pone de relieve la construcción y la estructura de los vínculos que unen a varias generaciones.

El gran libro de los méritos y las deudas

Ivan Boszormenyi-Nagy ha dado al «Dar-recibir-devolver» familiar el evocador nombre de «Gran Libro de los Méritos». Los méritos y las deudas se consideran en afecto y en servicios que se prestan, más que en dinero, aunque la circulación de dinero sea también un elemento esencial de los vínculos familiares. Este «libro», que obviamente no existe como tal, indica que existe una memoria familiar colectiva que lleva la cuenta del conjunto de los dones, las deudas y los méritos de cada uno en relación a los demás miembros de la familia.

Incluso antes de nuestro nacimiento, estamos en deuda con nuestros padres por la vida que nos dan, y luego por sus cuidados. La total dependencia del recién nacido lo hace endeudarse *vis a vis* de quienes se ocupan de él. «Reembolsa» una parte de esta deuda inmediatamente mediante sus respuestas a las peticiones y a los cuidados que se le dan. El intercambio es completamente asimétrico: el niño no podrá, antes de la edad adulta, hacer a sus padres el mismo tipo de dones de la misma especie de los que se ha beneficiado.

Inconscientemente, todo el mundo espera que la balanza de las cuentas, «la balanza de la justicia», como la llama Ivan Boszormenyi-Nagy, sea equitativa. «Equitativa» y no «igual», es decir, que las expectativas de unos y otros sean proporcionales a lo que cada uno puede y debe dar según su posición genealógica y según su edad. La «balanza de la justicia» oscila no sólo en función del reembolso de la deuda («devolverla»), sino también de la aceptación del don. Porque por muy generoso que sea, el don tiene el efecto de endeudar a quien lo recibe. Por lo tanto, es necesario que cada uno restablezca tan pronto como sea posible el equilibrio. Cada uno de nosotros, de hecho, está atrapado en esta especie de cálculo mental inconsciente que nos hace sopesar nuestros dones y nuestras deudas y nos hace aceptar o no que la balanza sea en déficit reembolsable con el tiempo o nunca. Tiene tanto mérito recibir como dar, porque lo que es importante es desarrollar la confianza en el intercambio y el reconocimiento de la equidad del intercambio.

Los cálculos de estas cuentas son todavía más complejos dado que un acto siempre tiene varias dimensiones. Regalar un libro de láminas de pintura, por ejemplo, es sin duda un buen regalo, pero regalar un libro más barato que hemos buscado cuidadosamente para que se adapte al gusto de la persona también es muy buen regalo. Hacer obras en casa de los hijos o de los padres es un trabajo, por supuesto, pero probablemente sea mucho más que eso. Si los hijos, haciéndolas en casa de sus padres, reembolsan sin duda una deuda de cuidados de los que se han beneficiado, los padres haciéndolas en casa de sus hijos, convertidos en adultos, ¿no generan una deuda continuamente renovada? A menos, evidentemente, que sus hijos no hagan, ellos mismos, un contra-don.

El equilibrio de la balanza está asegurado cuando cada generación da a otra lo que le corresponde: amor, afecto, educación, respeto. Cuando la balanza reparte equitativamente los méritos y las deudas, la familia vive relaciones armoniosas. Sin embargo, ¿a quién devolver cuando debemos devolver? Se trata de dirigirse a los destinatarios correctos. Esto se hace a través de una «pizarra pivotante» que no existe de manera más concreta que el «Gran libro», pero que es tan activa como éste. Los hijos que se han convertido en padres son los ejes de la pizarra: deben devolver a sus padres, en parte, y al menos simbólicamente, lo que han recibido –esto implica que transmiten a sus hijos, entre otras, una parte de lo que recibieron de sus padres.

La historia de Colette nos muestra cómo un sistema se organiza para asegurar su supervivencia, asumiendo «los niños primero» con las madres como pizarra pivotante: en cada generación, ellas transmiten y devuelven adaptándose en función de las limitaciones sociales e históricas.

Colette me hablaba de su vida, de su matrimonio, del estatus social de su marido, empresario y alcalde de la ciudad, de las recepciones, de los buenos estudios y de la buena situación de sus hijos y de sus nietos…, pero yo sé que, viuda, está en una situación financiera precaria, esto me asombra y la interrogo.

—Nos casamos bajo el régimen de separación de bienes, me responde.

Sorprendida, le pregunto cómo es posible después de treinta y cinco años de matrimonio y cinco hijos. Entonces me cuenta la historia de su familia (o más bien una historia de su familia).

Su bisabuela es la hija del gobernador de la isla. Es rica, quiere ser libre, «conoce las propiedades de las plantas», está enamorada de un pescador y se casa con él. Tienen hijos, son pobres, pero felices.

Uno de ellos, el abuelo de Colette, se casa con una mujer con dote. Tienen varios hijos a los que crían con amor. Pero muere accidentalmente, dejando a su esposa e hijos (incluida la madre de Colette) sin recursos.[6]

Durante la guerra, tras huir de la isla invadida, la madre de Colette trabaja en un restaurante frecuentado por soldados alemanes. Tiene miedo de esos hombres. Un cliente francés se enamora de ella, se casa con él y deja de trabajar. Tienen hijos y los crían con amor.

Cuando Colette conoce a su marido, ella es puericultora, él es un joven viudo padre de tres hijos. Se casan y tienen dos hijos juntos. Ella «no trabaja» pero, además de cuidar a los cinco hijos, lo acompaña activamente en sus actividades profesionales y políticas. Son felices. Él muere joven sin haber revisado su contrato matrimonial y ella nunca se lo pidió… Cuando me sorprendo, ella responde, indignada:

—¡Porque uno no se casa por dinero!

Tal vez eso es lo que pensaba su bisabuela cuando eligió a un marido pobre pero amado, sin preocuparse aparentemente por las condiciones de vida que esto supondría para sus hijos. Y es posible que su hijo hi-

---

6. Esto parece una incoherencia, pero es así como me lo contó Colette, que revisó este texto.

ciera lo contrario al casarse con una «mujer con dote», lo que, por otra parte, no salvó a su mujer ni a sus hijos de las dificultades financieras.

Parece que las generaciones siguientes se han esforzado para reparar ese riesgo social buscando los medios de criar a sus hijos en condiciones de seguridad material y afectiva óptimas. Colette describe un linaje de mujeres cómplices y llenas de afecto las unas por las otras, cada una a su manera, inventando soluciones que combinan amor, dinero, honor; como si su lealtad de hijas las convirtiera en primer lugar en madres, es decir, mujeres prioritariamente preocupadas por sus hijos… e incluso por los hijos de los demás, como ella misma hizo. Éste es un ejemplo de lealtad vertical[7] porque se transmite de una generación a la siguiente: lo que se recibe induce el deber de transmitirlo a su vez. También es un contraejemplo de la teoría de Lévi-Strauss: los hombres aparecen poco en esta dinastía de mujeres que, obviamente, eligen a los que se convertirán en los padres de sus hijos. Probablemente no sean las únicas.

La lealtad

En el caso de Colette, varias generaciones de mujeres han orientado su vida en función de un valor dominante que combina el afecto recíproco de las madres y de sus hijos con una especie de opción política para dar todas las oportunidades de éxito afectivo y profesional a sus hijos. Esto le parece totalmente natural y, sin embargo, es muy consciente de que proviene de una historia, casi de una leyenda familiar. En cualquier caso, desde hace varias generaciones, las madres, pivotes de la pizarra pivotante, devuelven también a sus madres el amor y, cuando envejecen, el apoyo que recibieron de niñas.

Estos intercambios no conscientes de expectativas y de respuestas a la espera, es decir, de méritos y de deudas los unos con los otros, establecen vínculos específicos y fuertes entre los miembros de la familia y son el origen de lo que Boszormenyi-Nagy denominó «lealtad…, ese vínculo resistente y profundo que une entre sí a los miembros de una

---

7. La lealtad «horizontal» se refiere a la que se construye entre hermanos y hermanas.

misma familia, un vínculo que trasciende todos sus conflictos.[8] Es una lealtad incondicional al otro que se ha construido en este movimiento permanente de dones y deudas en el que se entremezclan sentimientos de confianza y de gratitud, de celos y a veces también de rencor.

Podemos discutir y enfadarnos entre nosotros, pero frente a un enemigo común la familia se mantiene unida, a menos que se sienta traicionada por uno de los suyos. También puede rechazar a uno de los suyos para permanecer unida. Lo veremos en el próximo capítulo.

Es frecuente que, por debilidad, sufrimiento, repetición inconsciente, incluso por estupidez, uno de los elementos de este sistema familiar dé a un elemento de este sistema lo que debería haber dado o devuelto a otro. Es común que los padres reprochen a sus hijos lo que, de hecho, no han podido o no se han atrevido a decir a sus propios padres. Así pues, los hijos deben asumir tareas o funciones que no son las suyas. Es la «parentificación»: una inversión de roles donde el padre pide al hijo que haga lo que debería hacer él, el padre, y establece como norma la asunción de responsabilidad y la compensación por un niño de sus incompetencias y de sus deseos. Un día, por ejemplo, escuché a una madre reprochar a su hija de 6 años por haberse olvidado de poner los cargadores de los teléfonos en la maleta de las vacaciones. A veces, también, los niños son los confidentes o los chivos expiatorios de sufrimientos o de historias que no les conciernen. A veces tienen que «pagar», como le piden sus padres a Chloé.

DAME UNA TARJETA DE CRÉDITO

No había mucho dinero en casa, con un solo sueldo y tres hijos... y además con la adicción del padre al alcohol y al juego. Antes de la llegada de los agentes judiciales, sus padres abarrotaban la habitación de Chloé con el máximo de objetos posibles (los agentes judiciales no tienen derecho a entrar en los dormitorios de los niños). Desde la escuela, Chloé comprendió que debía tener éxito y se fue de casa a

---

8. Édith Goldbeter-Merinfeld en su introducción a *Loyautés familiales et éthique en psychothérapie*.

los 18 años. Hoy tiene cuatro hijos. Su padre le exige que le dé una tarjeta de crédito: es normal, dice él, porque la necesita. Ella se niega. A él le parece justificado insultarla, así como a su compañero. En Navidad, cuando él quiso una moto, uno de los hermanos de Chloé se la compró. Al negarse Chloé a participar, sus padres se enfadaron y toda la familia se puso de acuerdo en que tenía muy mal carácter y la excluyeron de las celebraciones familiares. Chloé pasa una (buena) Navidad con sus hijos y su compañero. Los niños están contentos, pero también lloran porque lamentan no haber visto ni a sus abuelos ni a sus tías y tíos (ni sus regalos).

El hermano de Chloé, que compró la moto, también le dio hace mucho tiempo a su padre una tarjeta de crédito. Está tan atrapado en una lealtad tan fuerte que ha interiorizado completamente sus órdenes y las encuentra tan normales que critica a Chloé por no cumplirlas.

El ejemplo de Chloé muestra cómo numerosas generaciones están atrapadas al mismo tiempo en un mismo sistema. Cada uno jugando un rol inducido y sostenido por el contra-rol[9] jugado por los otros. Escapar de esto es muy difícil, especialmente cuando los niños forman parte y pueden ser utilizados por los abuelos contra sus padres. Por ejemplo, los padres de Chloé les dijeron a sus nietos que no tendrían sus regalos de Navidad porque su madre no era amable con ellos… Las expectativas inadecuadas de los padres de Chloé y su resistencia provocan una situación de ruptura incomprensible para sus hijos, que ignoran toda la situación. ¿Cómo ser leales a la vez a su madre y a sus abuelos? Se encuentran en una situación conocida como «lealtad dividida». Chloé se mantiene firme, ha trabajado mucho con ella misma para contrarrestar los efectos perjudiciales de su infancia.

Para su uso interno, las familias establecen —las heredan y las adaptan— normas de comportamiento entre sus miembros, y entre éstos y el mundo exterior. Algunas normas son muy explícitas: saludar, ir a la escuela, lavarse las manos antes de comer, etc. Es la transmisión intergeneracional. Se basa en intercambios regulares, relatos, visitas al cementerio, conmemoraciones (los aniversarios, incluso ficticios: «Tu

---

9. El «contra-rol» es el rol inducido por un rol, por ejemplo montar en cólera contra la persona que expresa cólera contra nosotros.

abuelo cumpliría 107 años»), objetos («Era el chifonier de tu bisabuela cuando se colocó como criada»).

A veces decisiones familiares, que tienen una utilidad esencial para quienes las instauran, tienen fuerza de ley en la familia. Ésta juzga a los suyos según criterios que le son propios: la importancia que concede al qué dirán, su organización interna y los sentimientos que unen a sus miembros, su estatus social y su interés financiero. Puede negar tanto el acto delictivo de uno de los suyos y construir un secreto familiar,[10] como calificar de crimen un accidente doméstico. Y el «criminal» debe ser castigado. Es a menudo el caso de los hijos adúlteros, pero también es el de los hijos que se designan como responsables de un drama familiar, eximiéndose así los adultos de su responsabilidad. Anne Ancelin Schützenberger nos contaba el caso de una niña de tres años que fue acusada por su familia de haber señalado a sus padres a los agentes de la Gestapo que vinieron a buscarlos. La historia de Patrick Sanlessou es otro ejemplo.

LA FAMILIA LERICHE-SANLESSOU

Cuando nos conocimos, Patrick Sanlessou[11] tenía dificultades para encontrar trabajo a pesar de su título de ingeniero. Le pregunto sobre su familia y esto es lo que me explica: su abuela, la señorita Leriche,[12] era la hija de un rico granjero. Sin embargo, se casó con el señor Sanlessou,[13] un obrero agrícola. Fue su padre quien lo decidió porque, por culpa de ella, su hermano pequeño murió. Al menos ésa es la forma de pensar de la familia.

Esta mujer había sido condenada al ostracismo de la familia desde el día en que, cuando tenía cinco años y cuidaba de su hermano me-

---

10. Barbara Couvert, *Au coeur du secret de famille*, Desclée De Brouwer, 2000.

11. Les cambié los apellidos, por supuesto, pero sus nombres expresaban cada uno la misma relación con el dinero.

12. En francés, juego de palabras con el apellido «*Leriche*», que significa 'La rica'. *(N. de la T.)*

13. En francés, juego de palabras con el apellido «*Sanlessou*», que significa 'Sin dinero'. *(N. de la T.)*

nor, de dos años, se ahogó. Sus padres la culparon de esta tragedia y la castigaron, a ella y a su descendencia.

Hemos trabajado sobre la enorme injusticia que se cometía con esta rama de la familia y la prohibición de éxito social que se le atribuía. Después de lo cual, Patrick pudo encontrar un empleo a la altura de sus competencias. La exclusión familiar y social de su abuela era la fuerza del destino.

Es frecuente que los acontecimientos traumáticos obstaculicen la vida profesional. Durante un curso para solicitantes de empleo, uno de los participantes explicó que a los 50 años no volvería a encontrar trabajo, ya que su padre había muerto a los 50 años. Le dije que podía querer a su padre sin morir a la misma edad. Fue el primero en encontrar un trabajo.

Algunos delitos sólo lo son para un miembro de la familia, como por ejemplo el adulterio o el abandono de la pareja. Pero el que se siente herido puede vengarse de toda la familia mediante el asesinato, el suicidio o simplemente migrañas repetitivas que prohíben cualquier ruido y cualquier agitación en la casa. Por ejemplo, algunas mujeres traspasan sus migrañas de madre a hija cuando los hombres son adúlteros a su pesar.

El habitus

La transmisión de comportamientos implica una forma de «portarse bien», es decir, una forma de ser social y corporal adaptada tanto a la familia como al entorno social al que pertenecemos. En *Para acabar con Eddy Bellegueule*,[14] Édouard Louis describe lo que debe ser un «hombre» en determinados medios sociales, y las presiones que se ejercen sobre los que se diferencian. Esta forma de ser característica del medio social al que pertenecemos es lo que el sociólogo Pierre Bourdieu[15] llamó el «habitus»: «Aquello que uno ha adquirido pero que se ha encarnado de forma duradera en el cuerpo en forma de

---

14. Édouard Louis, *Para acabar con Eddy Bellegueule*, Salamandra, 2015.
15. Pierre Bourdieu, *Cuestiones de sociología*, Akal, 2008.

disposiciones permanentes [...] un capital que, estando incorporado, se presenta bajo la apariencia de innato».

Este concepto describe el hecho de que, desde nuestro nacimiento, habitamos nuestro cuerpo en función de los modelos que nos dan, hasta el punto de que parece innato. Interiorizamos hábitos que nos parecen naturales (la familia monógama es la norma en los países occidentales, por ejemplo), así como habilidades intelectuales, deportivas o artísticas. Esto explica en parte (sólo en parte) los grandes linajes de artistas. Su don es generado y llevado por el linaje que, a su vez, está integrado en un entorno social que les permite expresar este don.

El *habitus* da una identidad a la familia al mismo tiempo que la transmite. Es una semejanza entre los unos y los otros que a veces tiene que ver más con el mimetismo y la manera de estar que con una identidad de rasgos físicos; es una forma de hablar común (fuerte o suavemente, con un acento y apoyándose en ciertas sílabas), una manera de aprehender el arte, de habitar su cuerpo. Las reglas de educación compartidas por una clase social permiten a sus miembros reconocerse entre sí y ser reconocidos como tales por los demás, es la «distinción».[16]

De esta manera, en *El lugar*,[17] Annie Ernaux da testimonio de la diferencia entre su estilo de vida y sus maneras de hacer con los de sus compañeros de la escuela «burguesa» a la que sus padres la inscribieron para que integrara una manera de ser que sabían que ellos no podían darle y que juzgaban indispensable para su ascenso social.

Otras reglas o modelos se transmiten implícitamente, a menudo de forma inconsciente. Esto pasa a través de rituales cotidianos: la forma de dar los buenos días o las buenas noches, una lectura compartida por la noche, el uso de pantallas o la participación en actividades deportivas o culturales. El *habitus* también puede instalarse después de un acontecimiento *«shock»* como la «resurrección» del abuelo de Danny (el traumatismo a veces se vincula a un acontecimiento positivo).

---

16. Pierre Bourdieu, *La Distinción. Criterios y bases sociales del gusto*, Taurus, 2012.
17. Annie Ernaux, *El lugar*, Anagrama, 2002.

Danny es «profesora de gimnasia». Ha participado varias veces en grandes carreras de ciclismo. Ahora corre a pie, hace senderismo y actualmente se está preparando para una maratón (más de 40 km) que quiere correr sin sobrepasar 3 h 59' 59". Es pequeña y delgada, siempre preocupada por su salud. Controla su alimentación. El más mínimo dolor, el más mínimo cansancio desencadena un gran ataque de ansiedad: esta vez, está segura, tiene una enfermedad grave, muy grave, generalmente un cáncer.

Su madre y su tío (el hermano de su madre) también son grandes deportistas, en dieta permanentemente, esqueléticos y siempre preocupados por su salud.

A lo largo de nuestras conversaciones, Danny me explica que la dieta y el deporte son esenciales para mantener una buena salud. Estoy de acuerdo, claro, pero le pregunto sobre la importancia obsesiva que han adquirido en su familia. Entonces me explica:

—Mi abuela murió joven de un derrame cerebral, la encontraron en el suelo de la cocina. Mi abuelo tenía problemas de salud muy graves, fumaba y comía mucho y, tras la muerte de mi abuela, tuvieron que operarle. Siguiendo el consejo de su médico, se sometió a una dieta estricta y empezó a hacer deporte.

Tras un silencio:

—Creo que tenía miedo a morir.

Así pues, los hijos, afectados a la vez por la muerte repentina y prematura de su madre y más tarde por la espectacular resurrección de su padre, acumulan intensamente el miedo a la muerte y siguen un draconiano régimen tanto alimentario como deportivo destinado a evitarla. Han transmitido este comportamiento a sus propios hijos nacidos después de la muerte de su abuela y de la «resurrección» de su abuelo.

La generación de los nietos no sabrá vivir sin practicar deporte intensamente y sin seguir una dieta alimentaria permanente: han incorporado esta norma de vida.

Las normas de comportamiento generadas por los padres son interiorizadas por los hijos sin necesidad de hablar, por eso parecen naturales e innatas. Porque la mayor parte de la transmisión pasa por la comunicación no verbal: las señales, los gestos, los tonos de voz, la mirada… que confirman, refuerzan o invalidan el discurso verbal.

La comunicación en la familia

Los investigadores de la Escuela de Palo Alto han aplicado el análisis sistémico a la comunicación. De esta manera, han constatado que se establece un intercambio a distintos niveles:

—Cualquier comunicación se refiere tanto al contenido como a las relaciones particulares de los interlocutores, el contenido adquiere su sentido en estas relaciones.

—Siempre hay dos niveles de mensaje: el contenido en sí mismo y el medio utilizado para transmitirlo.

—Cualquier mensaje contiene una puntuación de la secuencia de los hechos, es decir, que cada uno cree que hay un principio en el intercambio y que este principio proviene del otro: «Hago esto porque tú haces o dices esto», a lo que el otro replica: «Sí, pero yo digo esto porque tú haces aquello». Los interlocutores dan un origen a una situación cuando ésta se incluye en una historia, cada uno cree que su comportamiento es inducido por el otro e ignora que su propio comportamiento causa reacciones en su interlocutor. Por ejemplo, es muy difícil no enfadarse cuando uno se siente provocado.

Si, generalmente, las señales confirman el discurso, a veces lo moderan, otras, lo invalidan. Sonrisas congeladas que estiran los labios mientras dejan los ojos apagados, miradas furtivas, estallidos o gestos bruscos o, por el contrario, interrupciones, toses, risas locas, silencios, informan al interlocutor de que algo está alterando la verdad del intercambio. Esta incoherencia es la causa de paradojas y/o «dobles vínculos».

La *paradoja* es un mensaje que contiene su propia contradicción. El ejemplo más conocido nos viene de la antigüedad: «Epiménides el cretense dice: todos los cretenses son mentirosos». También es una paradoja cuando nos dicen: «Sé libre» o «Sé espontáneo»; ¿cómo ser libre o espontáneo cuando nos piden que lo seamos?

Estar atrapado en una paradoja produce la parálisis de la acción y del pensamiento y desencadena una ira que parece inexplicable y que a menudo se interpreta como patológica.

Todavía es más difícil desenredarse de un *doble vínculo* porque está construido a tres niveles. Primer nivel: una «orden negativa primaria» («Haz esto o serás castigado»; estamos en el lenguaje). Segundo nivel simultáneo: una «orden negativa secundaria» que contradice la primera (la palabra amenazadora se dice sonriendo; estamos en la metacomunicación). Un tercer nivel desplazado que impide a la víctima salir de la situación: «¡Y, por favor, sonríe cuando te hablo!».

El *doble vínculo* provoca pánico o rabia. Puede ser el origen de determinadas esquizofrenias cuando se dirige a un niño de manera repetitiva. La antipsiquiatría[18] lo ha demostrado.

El análisis sistémico de la comunicación intrafamiliar muestra de esta manera que los intercambios sólo tienen sentido en su contexto. Los interlocutores creen vivir un intercambio puntual, pero el presente de una familia se hace a la vez de una historia de la que no tiene necesariamente la memoria y de una proyección hacia el futuro. A través de su constitución, construye una trama de dones y de deudas, es decir, de expectativas, que es tanto más fuerte cuanto que es inconsciente e incorporada. Esta trama, que es la base de la transmisión, se apoya en una comunicación de palabras, señales y rituales que el niño futuro deberá descifrar y hacerla suya.

---

18. La antipsiquiatría se opone a la psiquiatría en el sentido de que trata a las personas con trastornos psicológicos sin tener en cuenta ni su entorno social y familiar ni su historia. La antipsiquiatría ve la esquizofrenia como el resultado de comunicaciones paradójicas y refuta los tratamientos medicamentosos y quirúrgicos propuestos por la psiquiatría. El término «antipsiquiatría» fue acuñado por el psiquiatra David Cooper.

CUANDO EL NIÑO APARECE

«Cuando el niño aparece, el círculo familiar aplaude a grandes gritos. Su dulce mirada que brilla hace brillar todos los ojos...».[1] Nuestro apellido nos une a un linaje, nuestro nombre nos da un lugar en el linaje. Para el estado civil francés, al inscribir al niño que acaba de nacer, se le da el nombre del padre y, eventualmente, el de la madre, señalando así su pertenencia familiar oficial. Para identificarnos en la familia, nuestros padres nos dan uno o varios nombres de pila.

Los nombres de pila, soportes de memoria, de sueños y de proyectos

Nuestro nombre de pila forma hasta tal punto parte de nuestra identidad que nos hacemos uno con él, respondemos a su llamada: mecanismos psicofisiológicos nos identifican con él. Nos identifica a nosotros mismos al mismo tiempo que capta las identificaciones proyectadas sobre él y sobre nosotros. Por ello, para romper dicha identidad, al ingresar en determinadas órdenes religiosas o en determinadas instituciones carcelarias sustituyen el nombre de pila por otro nombre o por un número.

Los nombres de pila tienen un sentido porque son elegidos por los padres. Hablan de lo que esperan de nosotros, hablan de amor, cuentan partes de la historia de la familia. Son soportes de memoria, de sueños y de proyectos.

En algunas familias, el nombre se transmite de generación en generación con algunos matices: León se convierte en Léo, Léonard, Lenny

---

1. Victor Hugo, *Hojas de otoño*, Océano Ámbar, Argentina, 2001.

o Noël, Charlotte o Charles se convierten en Caroline, Manuel se convierte en Emmanuelle... En muchas genealogías, un hijo (a menudo el primogénito) lleva el mismo nombre que su padre, que a su vez tiene el mismo nombre que su padre. Conocí a un albañil que también era bombero, como su padre, y que no contemplaba para su hijo un futuro distinto al de albañil y bombero. Todos tenían los mismos nombres y apellidos.

Sin duda, esto expresa la voluntad y la necesidad de inscribir a un niño en la continuación de la obra de su padre, como si éste no dejara a su hijo (a menudo el primogénito) otra identidad que la suya, otro derecho que el de ser lo que el padre quiere que sea: un doble de sí mismo.

Prudence, Constant, Clémence evocan cualidades que los padres sueñan sin duda con ver encarnar a sus hijos. Las familias de Félix y de Félicité desean prioritariamente la felicidad de sus hijos, Elise y Cécile manifiestan un amor por la música, Maxime (el más alto) tiene sin duda la ambición de sus padres. Con Marie-Antoinette, Anastasia o Vladimir, se muestran sus opiniones políticas y, cuando los padres llaman a cada uno de sus hijos Nicolás, Alexis o Catalina, se puede imaginar una cierta nostalgia de la Rusia zarista.

Los nombres de pila dicen mucho del amor. El amor que los padres se tenían en el momento de la concepción los impulsa a llamar a un niño Valentín, para poner un nombre que una a los dos, o para poner un nombre que recuerde su encuentro. Cuando uno de mis colegas me dijo que su hija se llamaría Justine, inmediatamente pensé en Sade y le dije que probablemente sería un nombre difícil de llevar. Él me respondió muy tranquilamente: «Éstas son tus historias. Nos conocimos el día de santa Justine, que también es el cumpleaños de mi esposa. Por eso Justine se llamará Justine: para nosotros es un nombre de felicidad». Me tragué mi «cultura».

Los nombres de pila de abuelos, parientes o actores y grandes deportistas se ponen a menudo como muestra de afecto o de homenaje. El afecto que uno tiene por alguien puede expresarse también mediante deslizamientos de sonidos: una amiga cuya tía Odile, a la que llamaban Didi, había jugado mucho con ella cuando era pequeña y la quería mucho, le puso a su hijo Didier; o por asociaciones de ideas, así

Agnès[2] se convierte en Pascal o Pascale en la generación siguiente por asociación con el cordero pascual.

Cuando se ha sido un niño muy querido –y, de hecho, algunos se llaman Aimé o Aimée–,[3] se puede poner al hijo el nombre del santo de la fecha de nacimiento de un progenitor. Acabo de encontrarme con un joven abuelo con su pequeña Éléonore en brazos.

—Vamos a celebrar nuestros aniversarios –me dice.

—¿Habéis nacido el mismo día? –le pregunto.

—No del todo, ella el 15 de junio y yo el 25, pero el 25 es Santa Éléonore –me responde.

Su hija, la madre de la pequeña Éléonore, no podía ignorar que el cumpleaños de su padre era el día de la fiesta de esta santa. Los árboles genealógicos muestran líneas de nombres de pila o fechas de nacimiento asociadas. Podemos verlo en mi familia, desde el antepasado Jules nacido un 12 de abril (Saint-Jules) y que llevaba el nombre de su padre como identificador de linaje, el nombre de pila Jules y las fechas de nacimiento del 12 de abril se repiten durante siete generaciones paternas.

Los nombres hablan tanto de amor que pueden crear uniones. Mi amiga Joëlle me cuenta que, poco después de conocer a su marido, se dieron cuenta de que ella se llamaba como su madre, y de que él se llamaba como su padre. La familiaridad de los nombres de pila puede reforzar a una pareja o crear situaciones inusuales.

Por ejemplo, cuando yo estaba trabajando sobre el secreto de la familia, me llamó una mujer que quería hablar conmigo. Pero sólo tuvo tiempo de explicarme su situación antes de que su marido volviera inesperadamente y ella no se atrevió a seguir hablando. «Me llamo Anne Dumoulin, me dijo, porque mi marido se llama Dumoulin. Mi vecina, que está soltera, se llama Anne Dumoulin, y mi marido siempre me ha engañado con ella». Parece que este hombre no podía tener otra mujer que Anne Dumoulin…, pero…, todas las Anne Dumoulin.

Paul, por su parte, conoció a una mujer cuyo nombre de pila y apellidos correspondían sin duda a su familia ideal.

---

2. En francés, cordero se dice «*agneau*» cuya pronunciación es similar a Agnès. *(N. de la T.)*

3. En francés, Amado o Amada. *(N. de la T.)*

Paul se casa con Marie-Marcelle cuyo apellido es Catherine. En Normandía, muchos apellidos son nombres de mujeres, ya que, en el derecho normando de la Edad Media, las mujeres podían ser cabeza de familia y heredar.

La tía materna de Paul, una tía que fue su «madre de sustitución», porque la suya tenía otras cosas en la cabeza que cuidar de él, se llamaba Catherine. El tío paterno de Paul, militar de carrera, regresó indemne de la Primer Guerra Mundial, mientras que el padre de Paul, que había vuelto con una gran invalidez de la guerra, se llamaba Marcel. Cuando Paul se casa con Marie-Marcelle Catherine, no puedo evitar escuchar «Paul Marie Marcel (y) Catherine». Los padres de Paul no se llevaban bien, y tal vez inconscientemente quiso crear una pareja ideal fantaseando con unir a su tío paterno y a su tía materna, con la que tenía sin duda un vínculo muy fuerte, ya que él murió en el aniversario de la boda de ésta.

Los nombres de pila también son muy útiles para indicar una filiación que no puede establecerse (al menos provisionalmente) como han hecho, en situaciones muy diferentes, Alexandre Dumas y mi abuelo.

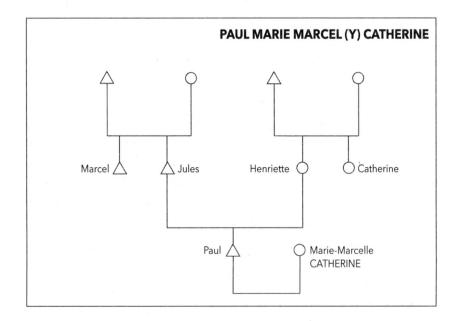

PAUL MARIE MARCEL (Y) CATHERINE

De hecho, hay tres Alexandre Dumas. El primero, padre de Alexandre Dumas padre, es un héroe de la Revolución Francesa, venido a menos por ser hijo de un esclavo. Su historia es singular.

Thomas Alexandre Davy de la Pailleterie (1762-1806) nació en Santo Domingo (Haití) donde su padre Alexandre Antoine[4] Davy de la Pailleterie (1714-1786) había emigrado para hacer fortuna. Alexandre Antoine compró allí a Marie-Cessette Dumas (una esclava a la que liberó y que será la madre de sus hijos). Arruinado vuelve a vender a su mujer y a sus hijos. Comprado de nuevo por su padre algunos años más tarde, Thomas Alexandre toma el nombre de Alexandre Dumas para enrolarse en el ejército de la Revolución. Ascenderá a general y comandará la caballería del ejército de Oriente, con Murat, Davout y Leclerc bajo su mando. Vuelve a comprar y liberar a su madre y hermanas a la muerte de su padre y será expulsado del ejército cuando la esclavitud se restableció en las colonias en 1802, bajo el consulado de Bonaparte. Tuvo dos hijas (Alexandrine Aimée y Louise Alexandrine) y un hijo (Alexandre). Vemos que estaba muy interesado en transmitir su identidad de Alexandre, lo que hará también su hijo.

Este hijo, Alexandre Dumas «padre» (1802-1870), es el autor de *Los Tres mosqueteros* y de *El conde de Montecristo,* en los que rinde homenaje a su padre. Tiene un hijo a los 22 años, al que llama Alexandre.

Este hijo, Alexandre Dumas «hijo» (1824-1895), declarado de padre y madre desconocidos, es reconocido por su padre en 1831. Es el autor de *La dama de las camelias.*

No cabe duda de que es difícil aceptar ser vendido como esclavo por el propio padre y es comprensible que el general republicano Alexandre Dumas renegara de su filiación tomando el apellido de su madre como patronímico. Crea así una dinastía de Alexandre Dumas, aunque el reconocimiento oficial del linaje adquiere giros inesperados.

Por su parte, mi abuelo utilizaba tanto nombres cristianos como franceses para identificar a los hijos de su hermano.

---

4. Estos nombres de pila de emperadores romanos revelan, sin duda, la ambición de sus padres.

Siendo un joven viudo, mi tío abuelo abandonó Francia, dejando a su hijo André al cuidado de una nodriza. En Rabat, forma una nueva familia con una joven marroquí. Al menos eso es lo que descubrió mi abuelo cuando llegó en 1931 para arreglar los asuntos de su hermano muerto accidentalmente. Su hermano tiene hijos, le dijeron. ¿Hijos? ¿Qué hijos? Estos cuatro. Mi abuelo los reconocerá *post mortem* por su hermano y borrará su identidad marroquí cambiando sus nombres de pila para identificarlos como cristianos y franceses: el mayor se llamará Joseph, el segundo Noël (que es otra manera de nombrar a Jesús), la tercera Marie y la cuarta... Françoise.[5]

Así pues, los nombres de pila cuentan algo de la historia familiar por poco que se investigue.

Cuando llegué a la región de Cotentin, descubrí nombres que nunca había oído, como por ejemplo Clotilde.

No me imaginaba que ese nombre pudiera ser contemporáneo, me había quedado con la mujer de Clovis. Un día apareció un Lohengrin. ¡Lohengrin! ¡El divino Caballero del Cisne, que libera a la princesa Elsa de una acusación infame! Y como se convirtió en un amigo, le pregunté (obviamente):

—Pero ¿por qué te llamas Lohengrin?

Me contó que este hermoso nombre de pila recuerda el amor loco de una joven, su abuela, por un músico alemán durante la guerra... y esconde el dolor de la separación y la violencia de haberle rapado la cabeza durante la Liberación... Y Lohengrin, que no tiene nada de *skinhead,* se rapa cuidadosamente la cabeza.

Mi nombre de pila cuenta una historia diferente y probablemente no habría realizado esta investigación si me llamase Marie-Dominique.

---

5. Virginie Carchidi, hija de Françoise, ha realizado una extraordinaria investigación biográfica sobre su abuelo Jean Madelaine. Noël se casó con una mujer que se llamaba Andrée como su medio hermano.

Uno no se llama impunemente Barbara[6] en los años 1950 en Saint-Michel-en-l'Herm en la Vendée, donde mi padre era farmacéutico. Era bastante desagradable, por cierto, porque cada año, a principios de diciembre, los niños corrían detrás de mí gritando:

—¡Barbara, vendedora de cerillas!

Era una historia del libro de lectura. Así que yo preguntaba:

—Mamá, ¿por qué me llamo Barbara.

Yo debía intuir que mi nombre tenía un significado.

—Por el poema de Prévert, que nos pasamos a escondidas durante la guerra –me respondía ella.

Y yo imaginaba el libro escondido bajo su gran capa de alumna de la Legión de Honor.

Luego estudié latín en el instituto y aprendí que los «bárbaros» eran los salvajes extranjeros para los romanos y comprendí que era la extranjera de mis padres, sobre todo porque era la única en el instituto de Luzón que escogió el alemán como primera lengua, me convertí en la alemana del instituto.

Mucho más tarde, mamá se acordó de repente de que la madre de su amiga Poupette, que la acogía durante las vacaciones, era de Alsacia-Lorena y se llamaba Barbara. Eso cambiaba la perspectiva: como mi abuela materna había estado particularmente ausente para su hija, Barbara la extranjera resultó ser en realidad una madre sustituta que había acogido y protegido a mi madre.

Pero ¿cómo pudo mi padre, a quien le preocupaba la originalidad, aceptar que me pusieran ese nombre si no le resultaba familiar? Descubrí que su tía, la que vino a cuidar de él porque su madre (la suya también) tenía otras cosas que hacer, había nacido el 4 de diciembre de 1910. ¿El 4 de diciembre? Es el día de santa Bárbara (patrona de los mineros y de los bomberos). Mi padre, que entonces vivía en Hagondange (en la cuenca del carbón de Lorena) no podía ignorar esa fecha, que es una gran fiesta. Una tía muy querida, nacida el día de santa Bárbara, que también desempeñó la función de madre de sustitución.

---

6. En 1950, la «larga dama morena» aún no había elegido este seudónimo.

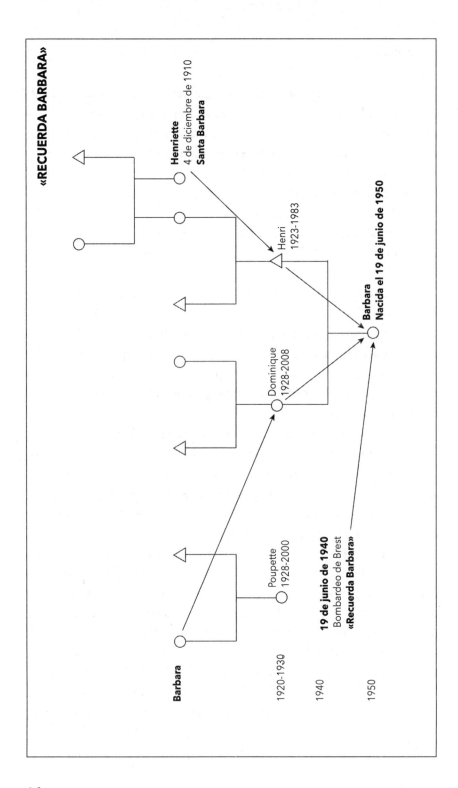

«RECUERDA BARBARA»

Henriette
4 de diciembre de 1910
Santa Barbara

Henri
1923-1983

Dominique
1928-2008

Poupette
1928-2000

Barbara

Barbara
Nacida el 19 de junio de 1950

1920-1930

19 de junio de 1940
Bombardeo de Brest
«Recuerda Barbara»

1940

1950

Mi nombre de pila me colocaba ahora en un linaje más cariñoso y eso quizás explicaba en parte mi dificultad para responder a ciertas expectativas de mis padres: ¿cómo podía encarnar a la madre que ni mi padre ni mi madre habían tenido? ¿Cómo podría compensar esa falta de cuidado y de amor?

Cuando mi madre murió, surgió una complicación: secretarias y pasantes de notario empezaron a llamarme Marie-Dominique o Marie, a veces incluso de ambas maneras en el mismo documento. Aunque insistí mucho en mostrarles que Barbara era mi nombre de pila habitual, que estaba indicado como tal en mi documento de identidad, me respondían que el «verdadero» nombre era el que aparecía primero en el registro civil. Yo deseaba que, llegado el día, fuera enterrada como Barbara Couvert, y no como una Marie o Marie-Dominique Couvert, que nadie conocería, ni siquiera yo, porque de hecho no soy yo. Por eso, desde el 14 de enero de 2010, en lugar de llamarme Barbara Couvert, mi nombre es Barbara Couvert.

En 2017, mientras preparaba una conferencia sobre psicogenealogía, decidí investigar sobre el bombardeo de Brest, ya que de eso trata el poema de Prévert. La primera línea de Wikipedia dice: «El 19 de junio de 1940, los alemanes entraron en Brest». Me quedé atónita, con la mirada perdida mirando a la pantalla, estupefacta: nací el 19 de junio de 1950.

El bombardeo de Brest, esa «lluvia de hierro/de fuego, de acero, de sangre»,[7] firmó la derrota de Francia ante el ejército de Hitler en menos de dos meses y después del infierno de Dunkerque. Porque en mayo y junio de 1940 fue el turno de la invasión de Holanda, Bélgica y Luxemburgo, y luego de Francia. Los alemanes entran en París el 14 de junio. Sus habitantes se han ido y miles de personas procedentes del norte y del este de Francia huyen del avance alemán y atraviesan la ciudad. Los alemanes están en Metz el 17 y el Mosela es anexionado. Llegan a Brest el 19 de junio después de dos días de bombardeos durante los cuales, en un caos indescriptible, las tropas inglesas y polacas fueron evacuadas por barco. Más de veinte buques de guerra fueron hundidos. Francia es desarticulada, la República ani-

---

7. Jacques Prévert, «Barbara», en *Palabras*, Lumen, 1980.

quilada, las familias separadas. Ya no funciona ningún servicio público y las comunicaciones a ambos lados de la línea de demarcación son casi imposibles. El bombardeo de Brest marcó a Jacques Prévert como sin duda a la inmensa mayoría de los franceses, entre ellos mis padres.

Por mi nombre y mi fecha de nacimiento, estoy vinculada al cataclismo del bombardeo de Brest, al estupor y a la angustia generados por la invasión alemana. ¿Qué pasó con mi madre? En junio de 1940 tiene 12 años, termina su primer año de residente en la Legión de Honor, la institución para jovencitas de Saint-Denis, la que, como muchas otras residentes[8] de esa época, le provocará pesadillas hasta el final de su vida. Aunque están aisladas del mundo, las estudiantes no ignoran la guerra. Mi madre se queda mucho tiempo sin noticias de sus padres ni de sus hermanos que vivían en Grenoble.

Mi padre está en París con su padre, después de haber huido de la Lorena en mayo, su madre se ha ido a vivir a Les Sables d'Olonne; sus padres parecen estar definitivamente separados.

Mamá decía que era ella quien nos puso el nombre a nosotras, sus hijas. Que estuviera impresionada por la toma de Brest y la derrota de 1940, lo entiendo; que amara el poema de Prévert y «Qué mierda la guerra», lo entiendo. Pero que yo haya nacido en esa fecha de aniversario llamándome por el nombre que la ilustra, no lo entiendo. ¿Cómo se puede encarnar en la fecha del aniversario de un acontecimiento memorable para un padre o un abuelo? Porque si los nombres de pila son una elección más o menos consciente, no es el caso de las fechas de nacimiento. ¿De qué tipo de alquimia se trata?

Entre las prodigiosas e ignoradas capacidades de nuestro cerebro figura la de hacer cálculos y memorizar números y fechas. Esto es lo que nos muestran las personas totalmente atípicas afectadas por el «síndrome del sabio».

---

8. En *Les Demoiselles de la Légion d'honneur,* la historiadora Rebecca Rogers relata el maltrato físico y, sobre todo, psíquico que sufren las internas hasta finales de los años sesenta. Por ejemplo, a mi madre, hija de un médico militar, se le notificaba regularmente que debía su educación a la «caridad pública» y que si sus hermanos desaparecían en la agitación de la guerra, sólo sería como consecuencia de su indisciplina.

El síndrome del sabio

Este extraño fenómeno se manifiesta o bien de manera innata o bien a causa de una lesión cerebral. Describe el hecho de manifestar capacidades extraordinarias de memoria o de conocimiento en materias, generalmente matemáticas o música, que nunca han sido aprendidas por el «sabio». Es un fenómeno inexplicable. Es cierto, por otro lado, que sus familias no han podido transmitirles los conocimientos ni las competencias que despliegan y que, entre todas las personas que han sufrido un accidente cerebrovascular o un traumatismo craneal, son pocas las que han revelado repentinamente ser sabios en un campo que ignoraban previamente o ser grandes artistas.

El primer «idiota sabio»[9] reconocido científicamente –en 1854, por la Royal Society de Londres– se llamaba Jedediah Buxton (1707-1772). No conocía ni la lectura ni la aritmética, pero podía hacer multiplicaciones astronómicas o cálculos de superficie exactos con tan sólo recorrer un terreno. Sus pasos le servían de vara de medir y su cerebro conocía las reglas de cálculo de las superficies de manera innata.

La película *Rain Man* popularizó el personaje real de Kim Peek (1951-2009), que nació con una discapacidad que le impedía ser autónomo, pero dotado desde su más tierna infancia de una memoria aplicada tanto a las matemáticas como a los deportes o la literatura. También tenía la capacidad de leer las dos páginas de un libro a la vez con cada ojo y de recordarlo mucho tiempo después.

Muy conocido porque logró la hazaña de aprender en tres meses los 22 514 decimales del número pi (3,1416…) y de recitarlos en poco más de cinco horas,[10] Daniel Tammet nació en Londres en 1979 en el seno de una familia de clase trabajadora de nueve hijos de los cuales él es el mayor. Se le diagnostica autismo Asperger de alto funcionamiento a los 25 años.

Habla con fluidez doce idiomas y ha creado un método de aprendizaje de idiomas. También es autor de varios libros, entre ellos el *best*

---

9. Éste era el término utilizado en la época.
10. En el Museo de Historia de la Ciencia de Oxford en 2004.

seller La conquista del cerebro.[11] Sin embargo, no entiende muy bien las emociones humanas.

Otras personas, completamente «normales» hasta entonces, descubren después de sufrir un accidente cerebrovascular o un traumatismo craneal que tienen competencias y capacidades de muy alto funcionamiento en ámbitos hasta ahora desconocidos por ellas. Es lo que le pasó a Derek Amato, por ejemplo, después de tirarse a una piscina poco profunda. Como consecuencia, un ligero traumatismo craneal le hizo dormir durante cuatro días. Después de eso, mientras se dirigía a casa de un amigo, sintió una irresistible necesidad de tocar el piano. Luego descubrió que también sabía tocar la guitarra, el bajo y la percusión. Se convirtió en músico y compositor…, pero no sabe leer las notas de una partitura.

A diferencia de la mayoría de nosotros, que vemos imágenes con los ojos o escuchamos sonidos con los oídos, estos «sabios» suelen estar dotados de sinestesia: el matemático ve formas en los números, el músico ve las notas en color, como las *Vocales* para Rimbaud.

La mayoría de estas personas fuera de lo común son además «sabios calendarios»: también pueden decir qué día de la semana será el 1.º de mayo de 2025 o era el 1.º de mayo 1925.[12] Es una capacidad a la vez espectacular y anecdótica. Este fenómeno indica que la memoria de las fechas es una capacidad humana potencial. Esto nos permite comprender mejor que se pueda nacer en la fecha de aniversario de un acontecimiento que ha marcado particularmente a uno de nuestros padres.

Los dramas familiares y las convulsiones históricas alteran la serenidad del círculo familiar. Duelo, abandono, pérdida de dinero, la familia reacciona entonces como un sistema desequilibrado tratando de restablecer su equilibrio y su unidad. Pero el trauma provoca una onda expansiva que alcanza a los descendientes aunque hayan nacido mucho después del acontecimiento y aunque lo ignoren por completo. Es un destino. Porque, cuando una memoria traumática está activa en la familia, transmite el recuerdo de un acontecimiento que la ha afectado, se olvida, transforma, adapta como la memoria individual y,

---

11. El título original se traduciría literalmente «Abrazar el cielo inmenso». *(N. de la T.)*
12. ¡Algunos de ellos pueden incluso dar la previsión meteorológica del día!

al igual que la memoria individual traumatizada, mantiene el trauma latente hasta que se manifiesta de repente. Vuelve a aparecer y persigue la vida de algunos descendientes.

Los guardianes del cementerio

Los psicoanalistas Nicolás Abraham y María Török fueron los primeros en interesarse por el hecho transgeneracional. Ellos llamaron «guardián del cementerio» al descendiente que, por su edad, el lugar que ocupaba en la familia o su nombre de pila, hereda y sufre las consecuencias del trauma. Habitado por un «fantasma» que viene a «perseguirlo [...] haciéndole señales extrañas e incomprensibles y obligándolo a realizar actos insólitos»,[13] el guardián del cementerio no ha elegido serlo.

Los hijos de reemplazo

A veces, los padres que han perdido un hijo intentan compensar su dolor imaginando que un hijo nacido después podría reemplazarlo. Nombres como René (nacido de nuevo), Sylvie (si vive), Lázaro (el resucitado) o Nathalie, Vitalie o Nathaniel (los padres expresan la alegría de la vida) pueden ser la señal de este drama. A veces se le pone al niño el mismo nombre que llevaba el desaparecido. Mi tío Jean-Marie nació un año después de la muerte de un primer bebé llamado Jean. Mi devota abuela estaba tan deslumbrada por ese niño que le habían dado de nuevo el mismo día que el primero –¡el 15 de agosto, además!– que no se daba cuenta realmente de que había tenido otros dos, incluida mi madre. Poner a un niño el nombre de una persona muerta muy querida no es un hecho preocupante en sí mismo. Se convierte en una preocupación cuando los padres, la familia, permanecen en un duelo imposible y lloran indefinidamente al muerto, engullendo a los vivos. En Los hundidos,[14] una larga investigación sobre la parte de su

13. Abraham y Török.
14. Daniel Mendelsohn, Los hundidos, Destino, 2007.

familia desaparecida en Polonia en 1941, Daniel Mendelsohn cuenta que las tías de Sarah (su joven prima) rompían a llorar cuando la veían, de tanto que se parecía a su madre (Sarah) muerta en un campo de concentración.

En este caso, los padres mantienen una confusión de identidad difícil para las víctimas. ¿Quiénes son, es decir, qué identidad tienen, estos «hijos de reemplazo» que se ven envueltos en el duelo de sus padres? Deben lidiar con un joven muerto del que, de alguna manera, tienen la custodia y la carga de representarlo lo mejor posible. Pero ¿podemos igualar a un «angelito»? Las expectativas y las proyecciones de los padres sobre este hijo vivo a menudo no están relacionadas con su personalidad particular. Y salvo adoptar, como Dalí, él mismo hijo de reemplazo, un comportamiento excesivo, a falta quizás de poder ser uno mismo, no es fácil. ¿Están vivos o muertos? ¿Son similares o diferentes al fallecido? ¿Tienen o no el derecho a vivir? ¿A ser ellos mismos? ¿A ser felices? Vincent van Gogh, por ejemplo, ¿pudo ser alguna vez él mismo?

VINCENT-THÉO VAN GOGH

Vincent van Gogh, el pintor, que compartía con su hermano Théo el hecho de llevar un «nombre-dinastía», es el hijo mayor del pastor Théo van Gogh. El segundo hijo mayor, de hecho, porque nació un año después del nacimiento-muerte de un primer Vincent. Un Vincent van Gogh nació y murió el 30 de marzo de 1852, un Vincent van Gogh (el pintor) nació el 30 de marzo de 1853, como si la familia tratara de borrar una muerte al tener un hijo en la misma fecha.

Este pintor es también el sobrino de Vincent van Gogh, marchante de cuadros, hermano del pastor Théo van Gogh (ambos hijos del pastor Vincent van Gogh). «Este padre, este tío, se querían tanto que se habían casado con dos hermanas», escribe Viviane Forrester[15] (los matrimonios de este tipo son uno de los modelos de la familia incestuosa: aunque el incesto no se materializa, aun así se pregunta quién se casa con quién y quién sueña con casarse con quién).

---

15. Viviane Forrester, *Van Gogh o el entierro de los trigales*, Argos Vergara, 1985.

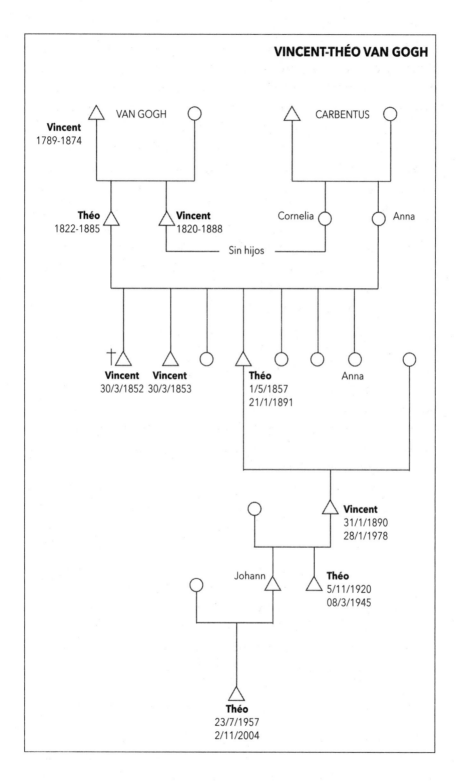

VINCENT-THÉO VAN GOGH

93

Este gran amor fraternal se prolonga a la generación siguiente entre Vincent, el mayor, que será el pintor, y Théo, su hermano menor, que parece haber sido una de las pocas referencias estables aunque pasional de la vida de dolor, alcoholismo y genio del pintor. Las cartas de Vincent[16] reflejan una necesidad desesperada e impotente de reconocimiento. ¿Cómo pintor? ¿Cómo pastor? ¿Cómo ser vivo? No lo sabe. Entre un hermano muerto cuyo nombre lleva y un hermano vivo, el amor, la dependencia son tales que Vincent se corta la oreja la víspera de Navidad, después de que Théo le anunciara su compromiso. Muere (¿suicidio, accidente?)[17] un año y medio después. Mientras tanto, Théo le había comunicado el nacimiento de su hijo... llamado Vincent. Esto no explica ni el genio ni el loco sufrimiento del pintor, pero sin duda contribuye a ello.

Desde Vincent van Gogh, abuelo del pintor nacido en 1789, hasta Théo van Gogh, su sobrino-nieto muerto asesinado en 2004, la familia Van Gogh parece sometida a la imperiosa necesidad de nombrar a uno de los suyos Vincent o Théo, creando así un linaje en el que es muy difícil saber quién es Vincent, quién es Théo, y de qué Vincent o de qué Théo estamos hablando.

¿Es la marca de un drama imposible de borrar? ¿La vergüenza familiar de haber heredado la fortuna del tío abuelo Vincent? Porque si su bien intencionada familia estaba horrorizada por las ideas y los comportamientos de este escultor que se fue a vivir a París, bien que aceptó su herencia. Tal vez por eso, para un Vincent que encarna el diablo, la familia ha asociado regularmente un Théo: *théos* en griego significa 'dios'.

La confusión de las generaciones, alimentada por el uso de un mismo nombre de pila, se encuentra también en la línea materna de Vincent el pintor, cuya madre y una hermana se llaman Cornelia, al igual que una prima de la que Vincent se enamora. Cuatro generaciones antes, una Cornelia se había casado con el marido de su prima Cornelia después de que él enviudara...

---

16. Vincent van Gogh, *Las cartas de Vicent van Gogh*, Luk, 2008.
17. La hipótesis del homicidio accidental es desarrollada por Steven Naifeh y Gregory White Smith.

Así pues, algunos nombres expresan el hecho de que la familia no olvida, quizás porque no quiere Un niño es nombrado por su nombre de pila para expresar un secreto y, por tanto, continuar diciéndolo al mismo tiempo que se calla, o bien manifestar un duelo para, a la vez, manifestarlo y de esta manera seguir haciéndolo imposible.

Los hijos de sustitución

Así es como el doctor Salomon Sellam, fundador de la psicosomática clínica, define a esos niños que nacen después de la muerte de un miembro de la familia (y no de un hermano o hermana) y llevan una huella memorial y somática. Es el caso de Louis.

«CREÍA QUE HABÍA NACIDO EN EL AZUFRE»[18]

¿Cómo explicar de otro modo un mundo de tales sufrimientos?

Cuando viene a verme, Louis ocupa un puesto importante en una gran empresa, pero no es reconocido como ejecutivo. Le resulta difícil comunicarse. Es el tercero de cinco hermanos en una familia que vive en una relativa seguridad económica: Jean, su padre, es militar y, después de haber criado a los hijos, Henriette, su madre, trabaja de asistenta. Una pareja que se quiere, pero que permanece atrapada en los sufrimientos del pasado.

«Heredaron la escasez y la violencia de la miseria», me dice Louis para explicar su infancia marcada de privaciones y violencias.

Jean es un «huevo en la paja»,[19] como se dice en la región, niños concebidos fuera del matrimonio, fuera del nido. Su infancia es una infancia de miseria psicológica y material; para darle una oportunidad de salir de ella, su madre corre el riesgo de vivir con un hombre violento al que no quiere, pero que tiene suficiente dinero para pagar

---

18. Ya conocimos a Louis (ver pág. 27): este guion fue escrito en colaboración con él. Juego de palabras entre *soufrir*, 'sufrimiento', y *soufre*, 'azufre'. *(N. de la T.)*
19. Expresión del *patois* normando. *(N. de la T.)*

las clases nocturnas de su hijo: tiene que prepararse para el examen de becas... que suspende. Ella le azotará «a muerte».

Más tarde, cuando acompañará la escolaridad de sus hijos, su «pedagogía» sólo les llevará al fracaso y su rabia paralizará sus capacidades de aprendizaje, a pesar de que deseaba su éxito. Pero los insultos llueven, su miedo ante la posibilidad de un fracaso escolar de sus hijos es tal que sólo sabe tratarlos de idiotas, fracasados, «sólo sois buenos para esparcir el estiércol».

Henriette nació en una familia de campesinos bastante pobres. El padre, parisino, se encuentra con la familia materna en el campo después de la desaparición de su padre en la Primera Guerra Mundial. Son diez hermanos y hermanas, de los cuales el mayor se llama Louis. Aquejado de una enfermedad incurable en la época, este Louis no podía participar en las actividades de la granja. Pesada carga para una familia en la que cada miembro trabaja por la supervivencia de todos y por una vida mejor, pesada carga mental de ser un hombre joven postrado en la cama para el presupuesto familiar. Deja un mal recuerdo porque «es como si encarnara el sufrimiento de la familia y al mismo tiempo fuera la causa», me dice Louis. Este muchacho, al que llevaban al campo tumbado sobre una tabla, parece haber tiranizado a sus hermanos y hermanas. Su hermana menor, Henriette, había sido elegida para cuidar de él. Quizás también la obligó a tocarle. Enfermo desde los 12 años, reconocido como inválido después de haber sido salvado por los antibióticos a los 22 años, se suicidó a los 26 años infectando su herida con estiércol, inoculándose así voluntariamente el tétanos. Había confiado a una vecina su intención de morir. Él mismo era sobrino de otro Luis, hermano de su madre, inválido.

Las infancias de Jean y Henriette son infancias de miseria social y afectiva. Por un lado y por otro, los bisabuelos de Louis son pobres, muy pobres.

El futuro está atrapado en un presente de trabajos duros y forzados, desvalorizados, agotadores y perjudiciales para el cuerpo y para el espíritu. Nunca hay tiempo libre. Jean y Henriette están devastados por la miseria y, más aún, por la vergüenza de la miseria, la vergüenza de ser lo que son, la vergüenza de sus padres y de su infancia, no valen nada porque «la gente sin dinero es gente sin valor».

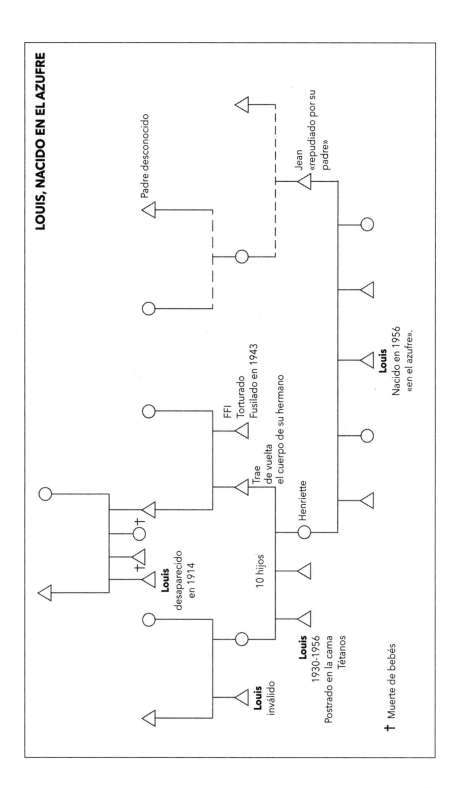

LOUIS, NACIDO EN EL AZUFRE

Padre desconocido

Jean
«repudiado por su padre»

Louis
Nacido en 1956
«en el azufre».

FFI
Torturado
Fusilado en 1943

Trae
de vuelta
el cuerpo de su hermano

Henriette

Louis
desaparecido
en 1914

10 hijos

Louis
1930-1956
Postrado en la cama
Tétanos

Louis
inválido

✝ Muerte de bebés

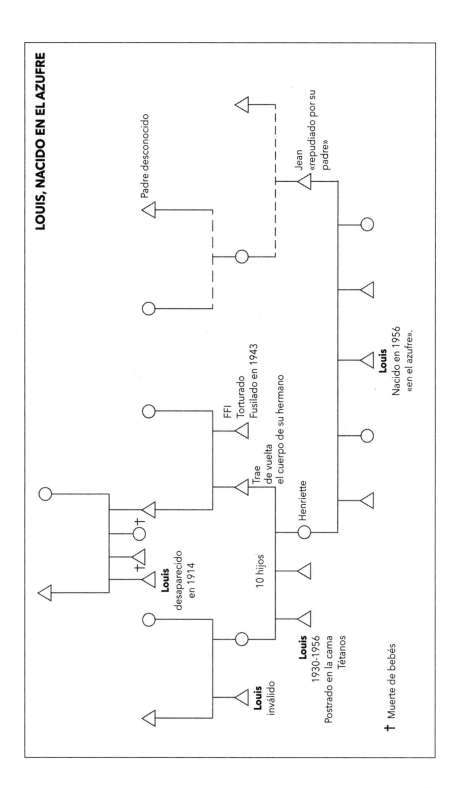

97

Se avergüenzan de su desgracia, así que sonríen, sí, sí, todo está bien y los niños están bien también. Las sonrisas en sus rostros ocultan los golpes, las vejaciones y la inmensa soledad. Los pueblos recuerdan y no perdonan. El miedo a la miseria hace que se rechace a los que son víctimas de ella.

Louis, el que nos habla, fue concebido en el mes siguiente a la muerte de su tío Louis y por eso se llama así: es una voluntad de su madre y el deseo de su abuelo aunque su padre se opuso a este nombre, en vano.

De niño, se dio cuenta de que su madre proyectaba en él enfermedades graves. «Se equivocaba de destinatario, me confundía con su hermano, ajustaba cuentas con él y revivía sus miedos», dice. Vivió aterrorizado por la ira de su padre y por la locura de su madre. Lleno de reproches, de golpes y de crueldades, tenía la impresión de vivir en un mundo de locos en el que las palabras no tenían ningún sentido.

Sin embargo, de esta infancia devastada, Louis conserva el recuerdo de su abuelo, el padre de su madre, que fue el único que le mostró un amor incondicional. Louis se arrepiente hoy de no haber sabido «abrir [su] corazón a este amor»: «Quería que primero me quisiera mi madre», dice. El padre de este abuelo se llamaba… Louis. Es uno más de los millones de soldados muertos en la Primera Guerra Mundial. Es difícil hacer el duelo de un desaparecido. Al llamar a su hijo Louis, este abuelo hizo imposible el duelo, observa el Louis que nos habla. Cuando hizo su árbol genealógico, descubrió que su bisabuelo había nacido después de la muerte de un niño y antes de la muerte de otro, y que esto se había ocultado: conoció a Benjamin, el último de los hermanos, que ignoraba la existencia de esos dos niños.

A pesar de su cariño, el abuelo no podía proteger a Louis de todo el dolor familiar. Le contaba a menudo, casi llorando, cómo había ido a la cárcel de Saint-Lo para recuperar los restos de su hermano, un miembro de la Resistencia fusilado y probablemente torturado por los alemanes. Tuvo que desenterrar el cuerpo de su hermano en medio de muchos otros.

Louis llevaba con su abuelo el peso de este hermano, y con su madre el peso de un hermano discapacitado herido de muerte. De niño tenía un miedo atroz a que lo convirtieran en un cadáver. «Odio mi nombre –dice–. Llevo el nombre de un suicida enmascarado, de un inválido y de un desaparecido de guerra. Todo este dolor me mancilla. Llevo el nombre de muertos vivientes. Querían que fuera un muerto viviente. Mi nombre me rompe».

Nos resultó difícil manejar esta genealogía de Louis, él mismo se perdía a menudo, repitiendo así la confusión de su madre. Cuando empezamos a poner orden, palabras y emociones, a devolver a unos y a otros el dolor que les afectaba, Louis dijo sentir que el contacto con los suyos y con sus colegas se reconstruía. Esto le hacía sonreír. Y la misma sonrisa era una sensación nueva.

Los padres de Louis habían vivido, cada uno de manera diferente, una infancia especialmente difícil y convirtieron en una pesadilla la vida cotidiana de sus hijos. Guardián de sus cementerios, Louis, que creyó haber muerto varias veces bajo los golpes de su padre o los delirios de su madre, debía cargar/soportar/absorber el cúmulo de sufrimientos no declarados de varias generaciones. Dice que la necesidad de comprender y de poner palabras lo salvó.

En cambio, otros guardianes de cementerio pueden, sin saberlo, reproducir, sufrir o hacer sufrir una herida ya experimentada por un progenitor o un abuelo, aunque vaya en contra de sus deseos o de su ética. Desconocen el sentido de sus actos, pero «es más fuerte que ellos». Repiten, de alguna manera están actuando por una fuerza que les sobrepasa.

LAS REPETICIONES FAMILIARES

Muchos árboles genealógicos muestran repeticiones de nombres y fechas de nacimiento. Es frecuente observar, por ejemplo, que durante varias generaciones una hija primogénita, nacida antes del matrimonio de su madre, ella misma tiene una hija nacida antes del matrimonio con un hombre que no es el padre de esa niña.

Esta repetición, por parte de un descendiente, de uno e incluso de varios acontecimientos vividos por un progenitor, es la marca del impacto de este acontecimiento en una familia y quizás también un intento de reparación, como ya veremos. Problemas de herencia, problemas conyugales, todo lo que sea drama invita a reproducir el acontecimiento adaptándolo.

UNA HERENCIA PARADÓJICA

A la muerte de su padre, un amigo se da cuenta de que una gran parte del patrimonio que éste ha adquirido desaparece legalmente en beneficio de su socia, que también era su amante. Él recuerda entonces que su padre le amenazaba regularmente con desheredarlo, a lo que no prestaba ninguna atención. Más tarde recuerda también el relato de su padre cuando contaba que su abuelo, hijo bastardo antes de ser huérfano, había visto cómo su herencia fue a parar a sus primos. Si la herencia era raquítica, la injusticia era sin duda mucho mayor porque iba acompañada de una traición. Podríamos decir que ese padre estaba tan obsesionado por la injusticia que le hicieron a su abuelo, que hizo que sus hijos la «aprovecharan»; una manera singular de reconocerlos como herederos pertenecientes a su linaje.

Bertrand engañaba a las mujeres que amaba en cuanto empezaba a vivir con ellas y sufría por el temor a ser abandonado. No se entendía a sí mismo. Al rastrear en su historia familiar, encontramos el escándalo que había sacudido a su abuela, cuando descubrió que su abuelo la engañaba con su criada. Cuando planteé la hipótesis de que estaba reproduciendo a su pesar un comportamiento que había generado un trauma familiar, Bertrand me sonrió amablemente: no podía creer que esto hubiera influido en su vida cincuenta años más tarde. Pero exploramos las reacciones de su abuela y, más en general, de su familia. Amorosa o socialmente, no es agradable ser «engañado»; pero si es con la criada, se le añade una especie de vergüenza. Además de un problema social, un problema de pareja se ha convertido en un drama familiar que impactó a uno de los nietos: repetía una situación sin relacionarla con su historia familiar. Haber hecho la conexión le permitió cambiar.

Vitalie Rimbaud fue abandonada por el padre de Arthur. Nunca se recuperó. Quizás eso explica en parte la asombrosa vida de Arthur Rimbaud.

«YO ES OTRO»

¿Podemos encontrar una fórmula mejor y más precisa que ésta para describir la alienación, es decir, la invasión por otro?

«El aire marino quemará mis pulmones, los climas perdidos me curtirán»,[1] escribe Rimbaud en *Una temporada en el infierno,* describiendo lo que será en efecto su futuro.

Marcharse, ser libre, viajar, dejar esposa e hijos… Cierto, pero la deserción del hogar familiar por parte del padre marca profundamente a quienes la sufren. Vitalie Rimbaud (la madre de Arthur) tuvo que criar sola a sus hijos, su carácter especial no indujo, sin duda, a Frédéric Rimbaud (su marido) a prolongar la convivencia de la pareja.

---

1. Citado por Bruno Clavier, «Les identifications d'Arthur Rimbaud», en *Le Coq Héron,* n.º 204, 2011, págs. 118-123.

La vida de Arthur Rimbaud es una vida errante, iniciada en 1870 con la guerra. Tenía 16 años cuando, saliendo de las Ardenas invadidas, partió hacia París para dedicarse a la poesía (*El durmiente del valle* está escrito un mes después de la batalla de Sedan)... y termina en la cárcel por no pagar su billete de tren. Primera de sus idas y venidas a casa de su madre hasta la última cuando, amputado, espera recuperar fuerzas, pero finalmente huye ante el dolor y el miedo al ejército que, cree, querría volver a incorporarlo, espera embarcar de nuevo, pero muere de cáncer en el hospital de Marsella.

Entre tanto, habrá viajado por Europa, aprendido inglés, alemán, italiano, árabe (su padre hizo una traducción del Corán), se habrá alistado en el ejército colonial neerlandés antes de desertar en Java y regresar a Charleroi, y después volver a partir a Egipto, Chipre, el mar Rojo, Yemen, Adén, Etiopía, trabajando sucesivamente de vigilante de obras, comerciante de café, de algodón, de abalorios, traficante de armas y posiblemente de esclavos.

¿Una vida de desertor? En 1877, se presenta como desertor del 47.º regimiento, que es el regimiento de su padre.[2] ¿Una vida de aventurero? ¿Cómo quién? Porque ¿cómo no hacer esta pregunta acerca de alguien que proclama «Yo es otro»? ¿Ha vivido su vida? ¿Ha vivido la de otro? ¿Y, si es así, la de quién?

El psicoanalista Alain de Mijolla establece un paralelismo entre la vida de Arthur Rimbaud y la de su padre. Los viajes de Arthur a Oriente corresponderían a una especie de segunda vida (siendo la primera la de poeta) que retomaría a su manera la de Frédéric Rimbaud, militar de carrera, que participó en la conquista de Argelia y Marruecos, en la guerra de Crimea y en la campaña de Italia. Cuando regresa definitivamente a Francia, Arthur Rimbaud tiene 37 años. Tiene la intención de encontrar una esposa y formar una familia... como su padre, Frédéric Rimbaud, que se casó a los 39 años.

Bruno Clavier, él también psicoanalista, continúa la investigación que Alain de Mijolla había realizado sobre Rimbaud 20 años antes, aunque distanciándose. Observa en el linaje de Rimbaud, desde el

---

2. Alain de Mijolla, *Los visitantes del yo: fantasmas de identificación,* Tecnipublicaciones, 1986.

padre del bisabuelo de Arthur, una cascada de desapariciones o de muertes de padres cuando sus hijos tienen 5-6 años: el síndrome del aniversario repetido. Por otra parte, pone de relieve la figura de Jean-Charles Cuif, el querido y admirado hermano de Vitalie, la madre de Arthur. Contratado a los 17 años para escapar de un proceso judicial, regresó a la granja de su padre 14 años más tarde sin haber dado noticias suyas en todo ese tiempo y murió al año siguiente, a la edad de 32 años. Hermano y marido, dos héroes amados por Vitalie, que la abandonan para vivir su vida.

Alain de Mijolla y Bruno Clavier coinciden en que las andanzas de Rimbaud no le pertenecen. Observan la similitud entre su vida y la de su padre y/o de su tío, cuestionan la trayectoria de su padre, su abuelo y su bisabuelo para explicar la historia de su vida.

Si la desaparición de un ser querido se vive con dolor, pero también con vergüenza y resentimiento, uno se silencia a sí mismo e impone el silencio a los demás. Ésta es sin duda la actitud de Vitalie Rimbaud después de ser abandonada por Frédéric Rimbaud, y la actitud del propio Arthur. Cuando uno de los progenitores abandona el hogar, el hijo tiene que lidiar con sentimientos complejos. Y el progenitor que queda, a menudo, no está en condiciones ni de escucharle ni de ayudarle. El dolor del abandono es tanto más intolerable cuanto que el duelo es imposible, ya que la persona desaparecida está viva.

Cuando la familia sufre, intenta restablecer el equilibrio, entonces puede suceder que un hijo trate de aliviar el dolor intentando reemplazar a la persona desaparecida. Es posible que «Yo» haya vivido la vida de otro para hacer revivir a ese otro. ¿Acaso Arthur Rimbaud intentó compensar el vacío de la ausencia de su padre y de su tío viviendo la misma vida de aventureros que ellos? ¿Para tratar de borrar el dolor de su madre? Porque su vida de aventurero, como la de su padre y su tío, siempre lo lleva de vuelta a casa de su madre, como para borrar el profundo dolor del abandono del que ella fue víctima.

La familia también es el lugar de esas violencias absolutas que son los asesinatos: cada tres días, una mujer es asesinada por su cónyuge, su excónyuge o su amante. Hoy en día, ya no se habla de «crimen pasional» (¡el pobre hombre, la amaba tanto que prefirió matarla, era tan desgraciado desde que ella lo abandonó!), sino de feminicidio para expresar el hecho de que si el acto se realiza en el ámbito familiar, también debe contextualizarse con respecto a las relaciones de poder entre hombres y mujeres… Los hijos también se ven afectados, porque cada cinco días un niño muere a causa del maltrato de uno de sus progenitores o de un familiar. Cada dos semanas un hombre es asesinado por su excompañera y las investigaciones policiales muestran que en la mayoría de los casos esa mujer había sido víctima de la violencia de su pareja durante años.[3]

Mi amiga Mireille comparte con Rimbaud esa especie de paralelismo con la vida de otro, pero interpretada a su manera y cuidando de no imitarla. Ella estaba sorprendida del silencio que pesaba sobre su abuelo materno. Sentía que sus padres le ocultaban algo que no podía identificar.

«FILL D'ASESSIN»[4]

De adolescente, Mireille escuchaba una y otra vez esta desgarradora canción de Leny Escudero y eso exasperaba a sus padres. Un día, durante un paseo, cuando Mireille pasó por la Conciergerie[5] y dijo que le gustaba mucho ese monumento, su madre reaccionó de forma violenta e incomprensible. Mireille también me describe la enorme rabia de su padre contra ella. «Le dijo a mi madre hablando de mí: si sus ojos hubieran sido pistolas, me habría matado, sé a quién me recuerda». Mi madre gritó: «¡Cállate!». Mireille comprendió que había un problema, pero sus padres se negaban a mencionar siquiera la existencia de ese abuelo. Tuvo que esperar a cumplir 50 años para que su madre finalmente le confesara que su abuelo había matado a su amante. Antes de eso, ya había intentado envenenar a su esposa… También había intentado «seducir» a la hija que ésta había tenido de un primer matrimonio.

---

3. Datos de 2018 en Francia.
4. En francés, «Hijo de asesino». *(N. de la T.)*
5. La Conciergerie de París se ha convertido en el Palacio de Justicia después de haber sido una de las primeras prisiones de Francia.

Escapando de la guillotina, a los 47 años es condenado a prisión y encarcelado en la Conciergerie antes de ser llevado a Cayenne, donde se le prohibió regresar a la metrópoli. Aislado del mundo, pierde su nombre por un número de serie, lleva uniforme. Permaneció veinte años en Cayenne antes de ser repatriado a Francia por el Ejército de Salvación en 1951, cinco años después del cierre de la prisión. Esto es lo que Mireille ha reconstruido durante años de investigación. Constata entonces que las principales etapas de su vida corresponden a las principales etapas de la vida de su abuelo.

Después de muchos años de «infierno», dice, a los 28 años, en 1966, Mireille se retira del mundo y toma sus votos definitivos de religiosa. Así pues, cambia de nombre y lleva uniforme. Al cabo de 19 años (a los 47), se libera de sus votos y se va a Lyon a trabajar en un refugio de acogida para mujeres maltratadas. Vuelve a hacer su documento de identidad en Villeurbanne y más tarde se entera de que su abuelo se hizo un nuevo documento de identidad en Villeurbanne. También se enterará de que su abuelo, después de haber sido alojado en una familia de acogida en el Ródano, terminó su vida en el departamento del Ródano donde ella vive. La madre de Mireille murió en una institución cuya directora había sido anteriormente directora de la institución donde había muerto su abuelo.

Aunque ella procura señalar «el abuelo exiliado por la fuerza, yo apartada de la familia por decisión propia; el abuelo excluido de la familia, yo lo he reintegrado», y que las opciones de vida de Mireille dependen de sus decisiones personales, el paralelismo entre su vida y la de su abuelo es ejemplar y ella misma encuentra rastros hasta en la escritura: «El abuelo y yo escribimos el mismo estilo de poemas». Alain de Mijolla comenta que Rimbaud escribió sus últimos informes en el mismo estilo que los que hacía su padre.

Vitalie Rimbaud y la madre de Mireille estaban angustiadas, una por la ausencia de su marido y la otra por la de su padre. Los sentimientos de ambas eran sin duda muy ambivalentes, una mezcla de amor, decepción y quizás odio. Las obsesiones de estas madres, que sin duda sabían lo que ocurría con los ausentes sin hablar de ello, manifiestamente moldearon la vida de al menos uno de sus hijos.

Mireille y su abuelo					
Abuelo (presidiario)			Mireille (vida de infierno)		
47 años	Asesinato				
48 años	Cárcel	Pierde su nombre por un número de serie Lleva un uniforme Vida «al margen de la sociedad»	28 años	Convento	Pierde su nombre por un nombre de religiosa Lleva un uniforme Vida «al margen de la sociedad»
67 años		Repatriado por el Ejército de Salvación Vive en el Ródano Documento de identidad en el Ayuntamiento de Villeurbanne	48 años		Deja la vida religiosa Vive en el Ródano Documento de identidad en el Ayuntamiento de Villeurbanne

Las etapas de la vida de Arthur Rimbaud reflejan, de forma desplazada, las etapas de la vida de su padre, las de Mireille reflejan las de su abuelo de una manera impresionante. Mireille, al igual que Rimbaud, realiza actos esenciales de su vida a la misma edad que su abuelo, de forma similar y, a la vez, completamente diferente.

La «misma edad que» provoca a veces la repetición de un acontecimiento en la generación o generaciones siguientes, aunque objetivamente nada particularmente mejor o peor ocurre en ese momento en la vida de unos u otros. Sin embargo, esto actúa como un factor desencadenante. Esta repetición de hechos (similares, pero no necesariamente iguales) a determinadas edades de la vida es lo que Josephine Hilgard (psiquiatra estadounidense) llamó el «síndrome del aniversario».

El síndrome del aniversario

«Tiene la misma edad que tenía su padre cuando se divorció y su hijo tiene la edad que él tenía cuando era niño», me dice una amiga que está triste por el divorcio de su sobrino.

En su estudio publicado en 1953 sobre los primeros ingresos de adultos en psiquiatría, Josephine Hilgard constata que una persona tiene una alta probabilidad (estadísticas) de ser hospitalizada cuando uno de sus hijos alcanza la edad que tenía ella misma cuando uno de sus progenitores murió. Como si la edad del hijo reactivara en el progenitor una memoria del traumatismo que él había experimentado a la misma edad.

Demostrando que existe una correlación estadística entre los dos acontecimientos, Josephine Hilgard invalidó la idea bastante común de «coincidencia» que remite a una casualidad y que, por lo tanto, ignora la relación causa-efecto. El síndrome del aniversario puede ser el impulso que permite un radical y feliz cambio de vida, pero esto a menudo pasa desapercibido. A veces este síndrome «psiquiatriza», provoca accidentes, incluso «suicidio», como veremos con el drama de Maurice.

DESAPARECIDO EN EL PUERTO

Nadège tiene unos cuarenta años, está sola con dos hijos difíciles que van a veces a casa de su padre. Trabajábamos juntas desde hacía tiempo cuando un día llegó a la sesión en un estado de sobreexcitación y rabia que nunca había visto en ella.

Le pregunto qué está pasando, la emoción atropella sus palabras.

—Pero ¿por qué? ¿Cómo pudo hacerlo? ¡A su hija! Tiene 3 años. Ahora es huérfana. Como él. No pudo hacerle eso, es por ella. Es su culpa, ella lo llevó al límite, le volvió a hacer otra escena.

Le propongo que se siente y me explique lo sucedido. Tras una discusión con su esposa, Maurice, el hermano menor de su exmarido, acaba de suicidarse. Tenía 30 años.

Repito:

—¿Huérfana, como él?

Me cuenta: tanto su exmarido como sus dos hermanos tienen trabajos duros, pescadores o trabajadores en obras públicas, alcohólicos, difíciles para la convivencia y con una infancia marcada por un drama: su padre murió en un accidente. Trabajaba en el acondicionamiento del puerto y conducía camiones de excavación. Un poco antes de Navidad estalló una tormenta, se hizo de noche temprano, el camión derrapó sobre el balasto no estabilizado y se hundió en el agua. El hombre desaparece.

Los dos hijos mayores, de 8 y 9 años, regresan del internado para las vacaciones. El padre no está en casa. La madre no les dice nada. No hacen preguntas, estamos en el país de los callados. ¿Y cómo hablar de un «desaparecido»? Difícil de imaginar su noche de Navidad. Los dos mayores se enterarán de la muerte de su padre más tarde, por sus amigos. Maurice, el más pequeño (con 3 años) es «demasiado joven para entenderlo», no se le dice nada y nunca se le dirá nada. Ya adulto, no se encuentra bien, no sabe por qué, no tiene palabras, aplaca su ansiedad con alcohol.

Un poco antes de Navidad, su hija tiene tres años, como él cuando su padre murió, y él tiene la edad de su padre cuando éste murió, el alcohol multiplicó la rabia y la desesperación y eliminó las inhibiciones en ese preciso momento de fiesta colectiva que, según el sociólogo Émile Durkheim,[6] exacerba el sentimiento de soledad, y Maurice se ahorcó. Tengo ganas de escribir «eso lo ahorcó».

Nadège sigue despotricando contra esa mujer con la que se «peleó como de costumbre» la víspera de Navidad, y yo trato de hacerle entender que un conflicto de pareja no conduce al suicidio, salvo en circunstancias especiales como ésta precisamente, caldo de cultivo de duelo, de palabras no dichas y de síndrome del aniversario. Porque quizás, seguramente, si la madre no hubiera estado en tal estado de *shock* que le impidiera hablar de la muerte de su marido, si el *shock* de la muerte y el dolor (o el alivio, nunca se sabe, o la culpa) hubieran podido «ser hablados» por cada uno de ellos, si la madre y los hijos hubieran sido escuchados, si se hubieran entendido y quizás llorado juntos, este nuevo drama, probablemente, no habría ocurrido. Le dije todo esto en vano, porque Nadège seguía convencida de que el joven murió por

---

6. En *El suicidio,* uno de los primeros estudios de la sociología como ciencia social, Émile Durkheim señala que un gran número de suicidios y otras tragedias ocurren en torno a las fiestas colectivas, ya que, en esos momentos, el sentimiento de soledad se exacerba.

culpa de su esposa. A menudo es más fácil acusar a las personas, sobre todo si, por una u otra razón ya estamos un poco enfadados con ellas, que analizar una situación…

La violencia de la desaparición de su padre, la del sufrimiento de su madre y la del duelo imposible cuando, además, no se habla de ello, la del secreto como tal son otras tantas violencias que convergen para «suicidar» a un hombre.

Pero ¿por qué él? En parte, pero sólo en parte, porque sintió el drama demasiado joven sin poder ponerle palabras: no las tenía y ni su madre, ni sus hermanos, ni su entorno supieron dárselas. La madre está traumatizada y en duelo con un pequeño Maurice al que entonces le fue imposible dedicar la atención y manifestar el afecto que necesitaba, un pequeño Maurice abandonado en un vacío mortal. Hablar de su tristeza y su dolor, saberse amado y comprendido podría haberle evitado pasar al acto.

Las familias de marineros y pescadores están familiarizadas con estos dramas de la desaparición en el mar. Cuando toda la unidad familiar comparte el dolor, cuando los hijos y la madre están rodeados por la familia, cuando los otros marineros y pescadores se unen primero para una ceremonia y luego para dar su apoyo amistoso y material ayudando a la madre en su vida cotidiana, el duelo puede tener lugar. El trauma no se transforma en violencia hacia otros o hacia uno mismo.

El drama de Maurice se produjo en una familia que no se comunicaba con el exterior y cuyos miembros no se hablaban entre sí. La intensidad de la soledad de cada uno de ellos dio al síndrome del aniversario la oportunidad de manifestarse tan radicalmente. No siempre es así. Liliane nos dará el ejemplo de una resiliencia a través de un síndrome del aniversario que une a varias generaciones.

LILIANE O LA CONFUSIÓN DE SENTIMIENTOS

Liliane viene a verme para averiguar de dónde vienen sus dificultades con «sus» hombres: el padre de sus hijos y más tarde su reciente pareja la maltrataron. No entendía qué desencadenaba esos comportamientos hacia ella y le parecía que provenían de más allá de sí misma.

LILIANE O LA CONFUSIÓN DE SENTIMIENTOS

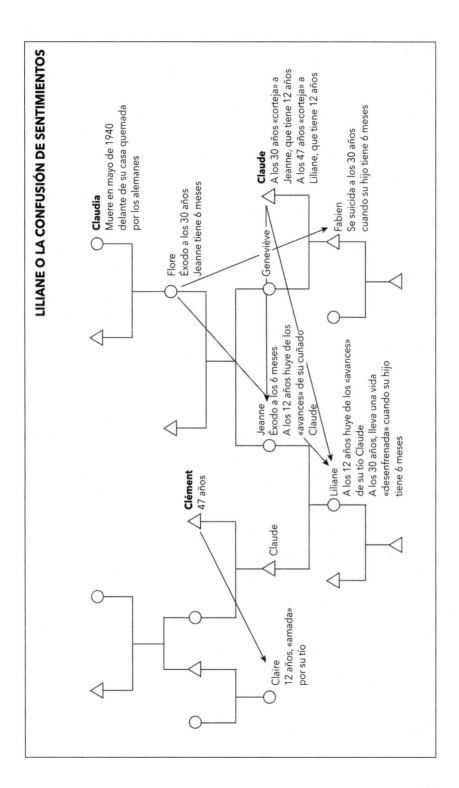

Claudia
Muere en mayo de 1940 delante de su casa quemada por los alemanes

Flore
Éxodo a los 30 años
Jeanne tiene 6 meses

Geneviève

Claude
A los 30 años «corteja» a Jeanne, que tiene 12 años
A los 47 años «corteja» a Liliane, que tiene 12 años

Fabien
Se suicida a los 30 años cuando su hijo tiene 6 meses

Jeanne
Éxodo a los 6 meses
A los 12 años huye de los «avances» de su cuñado Claude

Liliane
A los 12 años huye de los «avances» de su tío Claude
A los 30 años, lleva una vida «desenfrenada» cuando su hijo tiene 6 meses

Clément
47 años

Claude

Claire
12 años, «amada» por su tío

111

Nació en 1970, pero su historia comienza en 1940, me dice de entrada: los alemanes invaden los Vosgos, expulsan a los civiles, destruyen los pueblos. Claudia, su bisabuela materna, muere delante de su casa quemada y los sobrevivientes se ven obligados a huir. Flore, la hija de Claudia, que tiene 30 años, huye con su propia hija, la pequeña Jeanne, que tiene 6 meses. Un peregrinaje que las conduce a Cotentin. Jeanne es la madre de Liliane.

A los 30 años, a Jeanne se le diagnostica una esclerosis múltiple cuando su tercer hijo tiene 6 meses («Debo imitar al muerto», escribe el doctor Salomon Sellam[7] con respecto a esta enfermedad que puede convertirse en una grave discapacidad). Se recuperará cuando todos sus hijos se hayan ido de casa, afirma Liliane.

A los 30 años, cuando su hijo tenía 6 meses, Liliane dice que lleva una vida desenfrenada. ¡Desenfrenada! ¡Tiene un amante, «se vuelve juiciosa» y deja de fumar! Me informa de que su primo Fabien se suicida a los 30 años cuando su hijo tenía 6 meses.

Sin embargo, esto no explica su paradójica elección amorosa de hombres violentos que, de hecho, le asustan. Sobre todo porque sus padres se llevaban muy bien y porque ella misma siempre se sintió cercana a su padre. ¿Entonces? A menudo es necesario pasar de la historia familiar a la historia individual para comprender.

Los padres de Liliane viven en una pequeña casa en el campo. La entrada, que es la cocina y el salón principal al mismo tiempo, la «sala», como se dice aquí, le sirve de dormitorio, sus padres y sus hermanos tienen los suyos. ¡Los vecinos tienen diecisiete –¡sí, diecisiete!– hijos, de los cuales, los mayores, alcohólicos y violentos, irrumpen regularmente en casa de Liliane, a veces con un rifle en las manos. Cuando está sola, se esconde en un armario...

Liliane toma conciencia de que sus padres la ponían, de esta forma, en peligro en su casa, pero también cuando la dejaban en casa de los padres de Fabien. Su tía Genevieve, la madre de Fabien, tiene diez años más que Jeanne, la madre de Liliane, su hermana. A Liliane no le gustaba su tío Claude, el marido de su tía, un hombre violento que la desnudaba con la mirada, dijo, y la aterrorizaba. Mientras me

7. Salomon Sellam, *Enquêtes Psychosomatiques*, Quintessence, 1997.

habla, se da cuenta de que tenía sólo 12 años cuando ese hombre tenía 48. También dijo que su tía siempre tuvo cuidado de no dejarla a solas con él.

De pronto, una evidencia ignorada hasta ahora, exclama:

—¡Mi marido se parecía a él! ¡Es su doble!

He oído hablar a menudo de maridos o amantes que se parecen mucho a un hermano muerto y muy querido, tanto que al ver fotografías en las que los reconocían, sus madres se sorprendían de no recordar la situación o el lugar de la foto hasta que descubrían que no era su hijo, sino el hermano de su nuera.

Pero ¿por qué Liliane elige a un marido que se parece a un hombre que la aterrorizaba? ¿Es por lealtad? ¿Es una repetición? Piensa entonces en su abuelo Clément (el padre de su padre) que es conocido en la familia por una «hermosa historia de amor» con Claire. ¿Ah? ¿Quién es Claire? Claire es una sobrina por matrimonio: la hija del hermano de su esposa… ¡y Claire tiene 12 años en el momento que se produce esta hermosa historia de amor mientras que Clément tiene 47!

¿Claire, amada por su tío cuando tenía 12 años? ¡Desde luego! Porque Liliane me dice que su madre, también a los 12 años, tuvo que resistirse a Claude (su cuñado), y que su padre se llama Claude como su tío… (La bisabuela se llamaba Claudia). Y Liliane tiene 12 años cuando, ella también, debe protegerse de ese tío Claude. Y por último, se casa con un hombre que se parece a él. Cuántas «hermosas historias de amor».

Cuando tenía 12 años y su tío 48, Liliane se encuentra en la misma situación que su tía Claire, tan amada a los 12 años por un hombre de 47. Su madre se casa con un hombre que lleva el mismo nombre que el marido de su hermana. Estamos aquí en presencia de una familia incestuosa: confusión de generaciones, de roles, de nombres, confusión de deseos y de sentimientos y padres que no quieren ver, que ponen a sus hijos en situación de presa.

Para Liliane, el momento de «¡Mi marido se le parecía!» es uno de esos momentos clave en los que los hechos olvidados y los vínculos entre ellos, de repente, salen a la luz, destellos de lucidez, una especie de fuegos artificiales mentales que, aquí, revelan la confusión entre el amor y el deseo, durante (al menos) tres generaciones de mujeres y muestran cómo todos estos elementos mezclados la llevaron a conocer a hombres que eran peligrosos para ella. Esta toma de conciencia le permitirá liberarse de esa carga.

Si la actitud ambigua de su madre, actitud que se observa a menudo entre las mujeres víctimas de violencia sexual, la puso en peligro, el afecto y el apoyo de su padre y su tía han contribuido, sin duda, a protegerla y permitirle hacerse a sí misma a pesar de un entorno bastante caótico.

La vida familiar se ha visto sacudida por la violencia de la historia. El síndrome del aniversario se manifiesta para Liliane de forma bastante leve y para su primo de forma dramática. Sus padres, aunque amorosos, no saben protegerla de la violencia circundante (los vecinos, el tío Claude) ante la que parecen estar ciegos. El incesto acecha, camuflado en la leyenda de una hermosa historia de amor que, después de Claire, podría repetirse en Jeanne y Liliane cuando tengan 12 años.

Pero ¿por qué Liliane ama a hombres que resultan violentos y le asustan? Precisamente por eso. Es la característica de la neurosis: ponernos en situaciones que nos llevan a revivir emociones olvidadas o reprimidas.

Esta repetición se fomentó con su primer marido porque, sin que ella lo identificara, su rostro ya le resultaba familiar.

Este ejemplo nos muestra la complejidad de los enredos de una historia familiar y sus repercusiones en una vida. También nos muestra que, cuando reparamos en la existencia de vínculos familiares inconscientes en los que nos vemos implicados, nos liberamos siempre que recibamos apoyo.

Liliane escapó de su tío gracias a la vigilancia de su tía, pero el suicidio de su primo parecería indicar que él no había escapado de su padre.

La familia se engaña explicando a los demás y a sí misma una hermosa historia de amor, que esconde el deseo incestuoso de un tío… Una cortina de humo…, como el complejo de Edipo.

Las violencias sexuales

Los grandes autores dramáticos de la antigua Grecia nos han transmitido el mito de Edipo y Freud lo interpretó… Vamos a ver cómo algunos puntos en común entre la familia de Freud y la de Edipo pudieron cegar a Freud.

Después de resolver el enigma de la Esfinge que devastaba la región de Tebas, Edipo se casa con la reina Yocasta (viuda de Layo, rey de Tebas, que había sido asesinado por un extranjero). Las plagas de las que la ciudad es víctima llevaron a Edipo a investigar su origen y descubrir que se debían al hecho de que él es el asesino del rey, que el rey era su padre y que, por lo tanto, se ha casado con su madre.[8] De este modo, se había dado cuenta de la maldición de la que había creído escapar al dejar a Pólibo y Mérope (rey y reina de Corinto), sus padres… adoptivos. Ante el horror de su destino, Edipo se saca los ojos y parte a vagar por los caminos de Grecia apoyado por su hija y media hermana Antígona.

La maldición que pesa sobre él «Matarás a tu padre y te casarás con tu madre» tiene su origen en el crimen de su padre Layo. Hijo del rey de Tebas, huye de su ciudad por miedo al regente que ha tomado el poder y se refugia en casa de Pélope (rey de Pisa en Élide). Enamorado de Crisipo, el hijo de éste, lo rapta y lo viola. Crisipo se suicida. Para escapar de la maldición que Pélope lanza sobre él («Matarás a tu padre y te casarás con tu madre»), Layo, ya convertido en padre, abandona a su hijo esperando su muerte, pero Edipo es recogido. No conocerá su verdadera identidad, es decir, su filiación, hasta que se cumpla la maldición.

Freud se inspira en este mito para inventar el «complejo de Edipo»: el hijo está «enamorado» del progenitor del sexo opuesto y entraría en rivalidad con el padre del mismo sexo. De hecho, lo comprobamos a menudo. Su deseo sería a la vez tan poderoso e imposible que fantasearía con ello, imaginando haber vivido tentativas de seducción e incluso violación por parte de un adulto de la familia.

---

8. El parricidio y el incesto ya eran reconocidos como crímenes monstruosos.

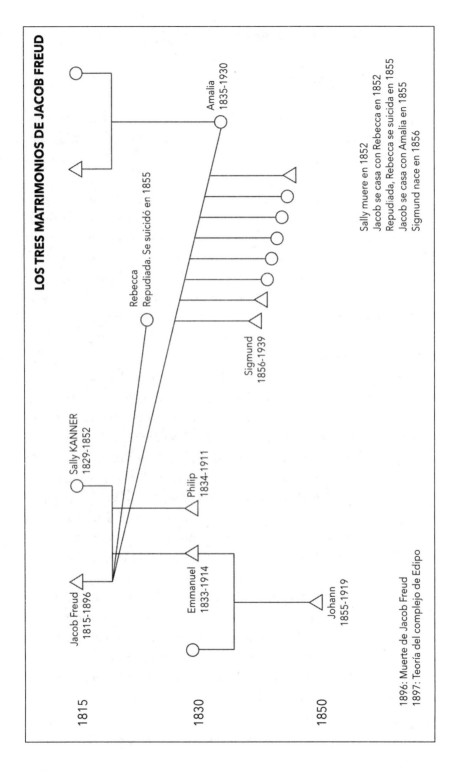

LOS TRES MATRIMONIOS DE JACOB FREUD

Jacob Freud
1815-1896

Sally KANNER
1829-1852

Philip
1834-1911

Emmanuel
1833-1914

Johann
1855-1919

Rebecca
Repudiada. Se suicidó en 1855

Amalia
1835-1930

Sigmund
1856-1939

1815

1830

1850

1896: Muerte de Jacob Freud
1897: Teoría del complejo de Edipo

Sally muere en 1852
Jacob se casa con Rebecca en 1852
Repudiada, Rebecca se suicida en 1855
Jacob se casa con Amalia en 1855
Sigmund nace en 1856

116

Esta teoría (desarrollada por Freud a partir de 1897) está sin embargo en contradicción radical con lo que había descrito anteriormente en su «teoría de la seducción», sus *Neurotica*. Entonces defendió la idea según la cual el recuerdo de escenas reales de tocamientos y violaciones está en el origen de la histeria, como él mismo había observado en sus pacientes y especialmente en sus pacientes femeninas…, y en su propia familia. «Mi propio padre era uno de esos pervertidos y es responsable de la histeria de mi hermano y de algunas de mis hermanas más jóvenes», escribe a Wilhelm Fliess[9] el 21 de febrero de 1897.

Su inversión teórica no se apoya en ningún nuevo descubrimiento. Por el contrario, los acontecimientos importantes ocurrieron en su vida personal en 1896. En primer lugar, la ruptura de su larga amistad con Joseph Breuer quien, después de haberle ayudado mucho profesional y económicamente, al parecer rechazó que Freud le reembolsara, creando así una dependencia sin duda insoportable. Ruptura que coincide con la plenitud de su amistad con Fliess, quien rechazaba la idea de que la violencia sexual tuviera un impacto psíquico en las víctimas. Más tarde, la muerte de su padre (Jacob Freud) el 23 de octubre de 1896, un padre al que ciertamente se le podían reprochar otras faltas más…

Sigmund Freud es el primer hijo del tercer matrimonio de su padre. Viudo de Sally, con quien había tenido dos hijos, Jacob Freud se casó y luego repudió a Rebecca, que no le daba hijos, antes de casarse con Amalia (la madre de Sigmund). Seducida y abandonada como Crisipo, Rebecca se suicida como él. Amalia (tercera esposa de Jacob Freud y madre de Sigmund) era veinte años menor que su marido. Era incluso más joven que Emmanuel, el primer hijo de este último. Así pues, tenía la edad de ser hija del primer matrimonio de Jacob.

El comportamiento de Jacob es la causa de la muerte de una mujer que ha repudiado al igual que Layo es responsable de la muerte de un joven, Jacob se casa con una mujer que podría ser su hija como Yocasta se ha casado con Edipo. Y como hemos visto, Freud coloca a su padre entre los pervertidos sexuales…

Y sin embargo, el 21 de septiembre de 1897, Freud escribe a Fliess: «Ya no creo en mis *Neurotica* porque en cada uno de los casos era

---

9. Sigmund Freud, *Cartas a Wilhelm Fliess*, Amorrortu Editores, 2013.

necesario acusar al padre en general de perversión, tal generalización de estos actos hacia los hijos parece poco creíble y sobre todo no existe ningún indicio de realidad en el inconsciente». ¡Es un razonamiento científico bastante peculiar confiar en «un indicio de realidad en el inconsciente»! Y para ocultar la culpa de un padre, ¿era necesario ocultar la culpa de los padres? Porque como señala Marie Balmary,[10] el crimen de Edipo visto por Freud es edulcorado desde su origen: la culpa de Layo.

Freud, padre él mismo de seis hijos, afirma sobre el complejo de Edipo que los padres no son en absoluto culpables; ¡son sus hijos y en particular las hijas, quienes fantasean y fabulan! Repetido por generaciones de psicoanalistas después de Freud, esta negación de una realidad que reforzaba una ideología sexista que transforma a las mujeres violadas en «histéricas»[11] se ha convertido en una denegación de justicia para miles de víctimas de incesto y violación, psicoanalizadas o no.

El incesto, aunque no se complete totalmente, duplica la violencia física con una violencia psíquica: el niño se ve atrapado en su impotencia, la degradación de su cuerpo y de sus sentimientos, la incomprensión y la estupefacción, una experiencia corporal insoportable, la certeza de que nadie puede ayudarle.

Todos los testimonios de los que lo han vivido lo dicen: el niño «se desconecta», sale de su cuerpo, se convierte en una especie de zombi frente a alguien que lo utiliza como un objeto sexual. Si la familia ignora su sufrimiento, si no encuentra a nadie con quien hablar, se instala en una depresión profunda que a veces conduce al suicidio varios años después.

Muchas mujeres que se han convertido en adultas han dado testimonio del dolor de haber sido víctimas de incesto y de su largo recorrido para reconstruirse y reencontrar las ganas de vivir. Sus familias era anónimas y se podía pensar que esto sólo afectaba a determinados grupos sociales. Tuvieron que superar la soledad y, a menudo, el rechazo familiar. La denegación de justicia es tanto más probable cuanto el

---

10. Marie Balmary, *L'Homme aux statues. Freud ou la faute cachée du père,* Grasset, 1979.
11. El término «histérica» procede del griego *ustera* que significa 'matriz', de ahí «útero».

depredador está en una posición de poder familiar y social. ¿Cómo atreverse a «denunciar» al culpable cuando es un personaje poderoso? Sin duda, se necesita mucho valor…, y dolor para hacerlo, como Camille Kouchner,[12] que es, de hecho, una víctima indirecta, ya que el incesto se perpetró en uno de sus hermanos.

ELLA CONSINTIÓ

Enero de 2020, en casa de unos amigos en Bretaña, delante de un roscón de reyes. De pasada, hablamos del secreto familiar y menciono la prohibición familiar que impide a unos y a otros hablar.

—Eso es exactamente lo que ocurrió –dice una de nosotras.

Acaba de regresar del funeral de una sobrina de 20 años que se suicidó.

—Hablando después de la misa, nos dimos cuenta de que sabíamos o sospechábamos que tenía una relación con su tío. ¡Era guapo, pero guapo! –exclama con los ojos en blanco–. ¡Era magnífico! Ella lo adoraba.

El encanto de Apolo sin duda. Nos quedamos en silencio, la idea de un suicidio es siempre dramática. Probablemente lo habríamos dejado ahí, pero añade:

—Ella consintió.

Esta justificación me resulta extraña y pregunto:

—¿Qué edad tenía en ese momento?

—Diez años.

—¿A los diez años consintió tener sexo con su tío? –pregunto.

La mujer que acaba de hablar proviene de una «gran» familia local, es madre y abuela, es representante electa del gobierno local y participa en numerosas comisiones culturales y sociales. En el silencio que se instala, le aconsejo leer *El consentimiento*.[13] En 1932, el psicoanalista

---

12. Camille Kouchner, *La familia grande*, Ediciones Península, 2021.
13. En este libro autobiográfico, Vanessa Springora desmonta el mecanismo de la influencia de un pedófilo sobre una joven enamorada. También describe la complacencia del medio político y literario.

Sándor Ferenczi ya insistía en el hecho de que el impulso emocional e incluso amoroso de un niño no es un impulso sexual.[14]

Este drama ilustra lo que el psicólogo René Kaës llama el «pacto de negación», que se construye en alianzas inconscientes entre miembros de la familia. Es una especie de tergiversación de la lealtad que tiene por objeto y efecto proteger, tanto individual como colectivamente, a quienes se adhieren al pacto. Mantiene y refuerza sus vínculos en detrimento de uno de los miembros de la familia. Cada uno se apoya en el silencio de los demás para no ver, no oír y no hablar. Este pacto se utiliza para hacer frente a una situación catastrófica (y el incesto lo es). Pero aquel en cuyo detrimento se hace tácitamente se encuentra en una soledad atroz.

Frente al traumatismo de la violación, la amnesia puede instalarse durante décadas, el bloqueo del trauma en una parte de la memoria impide su elaboración mental y emocional y puede provocar pasar al acto de una violencia extrema en una o más generaciones. Quizás es lo que ocurre con los violadores en serie. Por ejemplo, Joël Le Scouarnec se sumó a la pedofilia.

«HE VIVIDO BAJO LA INFLUENCIA DE LA DEPREDACIÓN SEXUAL CON RESPECTO A LOS NIÑOS»[15]

«¿Cómo pude olvidarlo?», exclama María, de 33 años, violada por Joël Le Scouarnec cuando tenía 10 años. No sabe que la amnesia es una consecuencia habitual del trauma.[16] Y ella, como tantas otras y como la inmensa mayoría de las víctimas, comprenderá que su incomodidad relacional, sus dificultades en sus relaciones amorosas y emocionales tienen su origen en esa violencia olvidada.

---

14. Sándor Ferenczi, *Confusion de langue entre les adultes et l'enfant*, varias ediciones.
15. Escribo a partir de artículos de prensa de diciembre de 2019 y enero de 2020 y, especialmente, de artículos de Pauline Delassus para *Paris-Match* y de Rémi Dupré y Florence Aubenas para *Le Monde*.
16. Tanto más cuanto Joël Le Scouarnec abusó a menudo de niños cuando estaban bajo anestesia.

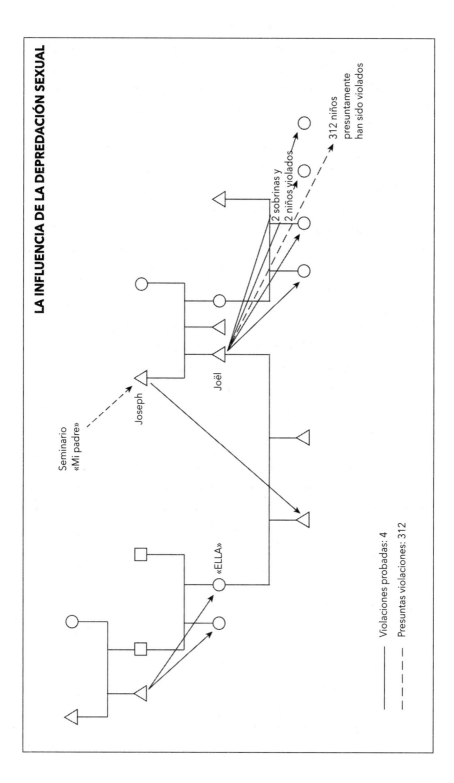

LA INFLUENCIA DE LA DEPREDACIÓN SEXUAL

Seminario
«Mi padre»

Joseph

Joël

«ELLA»

2 sobrinas y
2 niños violados

312 niños
presuntamente
han sido violados

——— Violaciones probadas: 4
– – – Presuntas violaciones: 312

121

Las víctimas de violación, en general, padecen un malestar indefinible que afecta a su espontaneidad y sus ganas de vivir, malestar que a menudo conduce hasta una grave depresión. Pero entre estas víctimas, sólo unas pocas se convertirán en depredadores: privadas de una memoria consciente, repetirán en otros lo que han vivido, cada vez más dependiente de la excitación y de la necesidad de su alivio. «Adictos» a la violación, se convertirán en violadores en serie.

En la mayoría de los casos, es la intervención de un elemento externo lo que permite transformar la situación: una persona se atreve a quejarse y se la cree, o bien, en un momento extremo, uno de los miembros de la familia consigue huir y encontrar refugio para avisar. Las noticias nos cuentan a menudo estas historias. En el caso de Le Scouarnec, fue una niña de 6 años que le contó a su madre lo que le había pasado.

El cirujano Joël Le Scouarnec fue inicialmente procesado por violar a cuatro niños, entre ellos dos de sus sobrinas. Podría haber cometido docenas de violaciones, pero sus «cuadernos negros», si es que son un diario de sus actos reales y no un montón de fantasías como él alega, sugieren que podrían haber sido centenares: 312 concluye la investigación en 2020.

Fue citado por la policía en 1992 por la agresión a una niña de 4 años, no hubo seguimiento. Estuvo detenido durante 25 minutos en 2004 por descargar imágenes de pornografía infantil, se le impuso una condena de cuatro meses, con suspensión de la pena. Nada le impedirá ejercer después. El Consejo del Colegio de Médicos, los Servicios Sociales o la dirección de los hospitales en los que ejerció posteriormente: ningún organismo es responsable de haberle dejado continuar ejerciendo. Parece haber sido protegido socialmente, tanto por su estatus social como por la falta de cirujanos.

¿Y en su familia, nadie vio nada? ¿Nadie sabía nada? Claro que sí, pero los que sabían guardaron silencio durante años. Su comportamiento ilustra perfectamente la construcción de un secreto de familia, defensa habitual en este tipo de situaciones. Ya en 1996 (fue detenido en 2017), su esposa parece haber descubierto su pedofilia y le habría aconsejado que recibiera tratamiento. Entonces, traslada su biblioteca «especializada» de casa a su oficina del hospital, en un armario cerrado con llave.

En el año 2000, dos sobrinas violadas por él hablan de ello con su madre, su hermana. Ella también le aconseja que busque tratamiento. No presenta ninguna denuncia. En diciembre de 2004, la casa es registrada tras una denuncia del FBI. La esposa de Joël Le Scouarnec y uno de sus hijos estaban presentes, pero no se lo dijeron a los demás miembros de la familia. ¿Por qué ese silencio? ¡«Para proteger» el uno a sus hijos y su hermano, el otro a sus hermanos, dicen! Pensamos en proteger a los adultos, pero no pensamos en proteger a los niños, ni a los de la familia, ni a los demás. En definitiva, es al criminal al que protegemos. Hemos visto estas alianzas silenciosas, este pacto de negación en la familia de la niña de la que su tía dice que ha consentido porque admiraba la belleza del tío pedófilo.

Este mutismo, esta voluntad de «proteger» a los demás es también una protección de uno mismo. Descubrir que el marido, el hermano o el padre es un pedófilo es tan insoportable que preferimos no saberlo. No decírselo a los demás es una forma de no decírselo a uno mismo. Además, «ELLA» –Joël Le Scouarnec nombra así a su esposa– ella misma fue víctima, como su hermana, de un tío[17] cuando eran niñas. Es posible que esta incapacidad para hablar también se derive de este trauma.

¿Y se puede denunciar al marido? ¿Al hermano? ¿Especialmente cuando es el héroe adorado de la familia? Él tuvo éxito; más que médico, ¡es cirujano! La familia reproduce en sí misma la jerarquía social: «Contra él no soy nada», dice una sobrina. «Pensé que nadie me creería», dice una víctima cuyos padres eran obreros. Las relaciones sociales entre el cirujano y sus familiares, el cirujano y sus pacientes evitaron el riesgo de que los niños violados, aun siendo adultos, lo denunciaran. En La Familia grande, Camille Kouchner confirma que si quien impone el silencio familiar sobre el incesto juega con la seducción y el carisma, se apoya también en una posición familiar y social dominante y en amenazas más o menos implícitas.

---

17. En los esquemas genealógicos, se representa al hombre por un triángulo y a la mujer por un círculo. Al no saber si este tío es materno o paterno, he representado a los padres de «ELLA» con cuadrados para evitar acusar a una persona inocente.

Pero ¿cómo te conviertes en pedófilo?

La apetencia de Joël Le Scouarnec por los niños se remonta al día en que una sobrina, sentada en su regazo, le provocó una erección. En efecto, se puede pensar que algunos roces pueden provocar una erección o incluso fantasías en un tío, pero no todos los tíos a los que les ha ocurrido eso, y sin duda son legión, se convierten en pedófilos. Para ello se necesita sin duda una mentalidad particular, porque entre todos los niños violados, pocos son los que finalmente se convierten en depredadores sexuales. Los centenares de víctimas, la cifra no parece exagerada, del padre Preynat y quizás del doctor Le Scouarnec[18] lo atestiguan. Un entorno complaciente y permisivo como es el mundo profesional centrado en sus propios intereses al revés de la ideología que muestra y/o una familia a la vez víctima y cómplice, mantienen en el depredador un sentimiento de impunidad que le permite dar rienda suelta a su violencia y a su sadismo. Muriel Salmona,[19] cuyo trabajo y publicaciones muestran que no se la puede calificar de ninguna manera de complaciente con los depredadores sexuales escribe, basándose en varios estudios: «La violencia es una herramienta formidable para someter e instrumentalizar a las víctimas con el fin de anestesiarse».

Por lo tanto, los depredadores necesitarían autoanestesiarse de una angustia extrema y siempre presente. Un estímulo despierta la memoria inconsciente del trauma, desencadenando una angustia insoportable que provoca una subida de adrenalina y cortisol, al mismo tiempo que reactiva la anestesia emocional experimentada en el momento del trauma. Las endorfinas que funcionan como drogas duras son cada vez menos eficaces, por lo que se necesitan cada vez más, y para ello hay que generar más y más estrés.

El agresor lleva a su víctima a experimentar el terror en el que él mismo se sumergió durante el trauma, como en un juego infinito de espejos donde se ve tanto en la posición del agresor como en la del agredido. Repite las crisis de angustia intensa que calma disfrutando de otro como, sin duda, han jugado y disfrutado de él.

---

18. Por el momento (diciembre de 2020) está acusado pero no juzgado por estos crímenes de los que se defiende.
19. Muriel Salmona, 2012.

La estructura y la intimidad de la familia permiten al autor de la violencia descargar su angustia en alguien sobre el que tiene todo el poder y que no tiene espacio para quejarse, por lo general su mujer y sus hijos. Su propia esposa ha sido habitualmente víctima de un trauma que la deja aturdida cada vez que se ve envuelta en una escena de violencia, lo que explica la pasividad de muchas madres ante la violencia del padre.[20] Los niños, por su parte, no tienen medios de defensa, ni físicos ni psíquicos. La situación de puerta cerrada se extiende a toda la familia.

Cuando callamos, protegemos; pero ¿a quién protegemos exactamente? ¿Al hermano? ¿Al padre? ¿Al que ha triunfado socialmente? ¿O al antepasado, que le permitió triunfar? Por lo que respecta a Joël Le Scouarnec, nos enteramos por las comparecencias de que sus padres eran trabajadores. Sin grandes medios económicos, hicieron todo lo posible para pagar los estudios de su hijo, dotado, muy inteligente y al que todos adoraban. De acuerdo, pero también descubrimos que Joseph (el padre de Joël) violó a uno de los hijos de Joël. Éste no habría reaccionado cuando su mujer se lo explicó. «¿Por qué? Porque he vivido bajo la influencia de la depredación sexual hacia los niños», dice. La influencia. ¿Joël Le Scouarnec habría escenificado repetidamente un trauma olvidado, «anestesiado»? De hecho, si su padre violó a su hijo, como parece ser el caso, podemos plantear la hipótesis de que él mismo, Joël, habría presenciado de niño una escena de violación de un niño, a menos que le haya pasado a él. Y si su padre violó a su hijo, ¿se debe a que él mismo fue violado por un «padre»? En efecto, dijo haber sido violado por un sacerdote, un «padre», cuando era seminarista.

Y por último, ¿el que está protegido por el secreto, es Joël o Joseph, su padre? Entre la amenaza de su violencia latente y el respeto que debe a quien hizo posible su éxito, ¿no nos atreveríamos a poner en cuestión la figura del Padre? Del que está en el origen del éxito del linaje? Esto, en efecto, parece muy difícil. Hay que atreverse a pensarlo, y luego atreverse a decirlo. Las resistencias ideológicas son numerosas, como hemos visto. Si la violencia del incesto «suicida», también puede conducir al crimen.

---

20. La violencia, especialmente la física, suele ser masculina, pero no siempre es así.

Después de la publicación de mi libro sobre el secreto de familia, recibí la carta desgarradora de una mujer que me escribía: «He sido violada por mi padre desde los 14 años e incluso después de casarme. Mi hijo es su hijo. Él está en prisión, cumple una condena de veinte años: mató a su bebé». ¿A quién mató realmente?

La violencia sexual puede ir acompañada del rechazo familiar a la víctima: Camille Kouchner muestra cómo su madre eligió un marido depredador contra un hijo víctima; las que se llamaban «madres solteras» solían ser excluidas de la familia.

Un crimen particular: Las «madres solteras»

«Se quedó embarazada, lo pilló durante las vacaciones», confió una anciana al oído de un amigo.

Estar embarazada sin estar casada ha sido durante mucho tiempo un desastre familiar y un drama para las mujeres en esa situación, así como para sus hijos, que son vilipendiados y tratados de bastardos incluso por sus propias familias. ¿Relaciones consentidas y luego abandonadas? ¿Violadas?

El crimen de estas mujeres es bastante especial ya que es la víctima la que es considerada como criminal. El crimen de los hombres se convierte, socialmente, en el de las mujeres.

Ante las dificultades que esta situación sigue creando hoy en día, las familias hacen lo que pueden. Adoptan actitudes muy diferentes en función de su tolerancia, su religión, su estatus social y sus dificultades económicas. A veces se persigue a la madre, a veces se la protege, se cría al niño, a veces se hace creer que es hijo de sus abuelos (Aragon y muchos otros).

Si bien es bueno apelar a la religión para superar las dificultades, también puede ocurrir que nos hundamos en la intolerancia.

El secreto de familia es ventrílocuo: se expresa como veremos enseguida con la «hija del diablo». Aquí habla por la voz de un antiguo gendarme. Esto es lo que Jean me cuenta: «Mi abuela era conocida por su memoria excepcional de fechas, bautizos, comuniones de unos y otros, pero cuando se le preguntaba por la fecha de su boda no se acordaba, ¡a veces incluso se enfurecía! Junto con otras coincidencias, yo había deducido que se había casado embarazada, lo que obviamente no está nada bien en una familia tan católica como la nuestra. Cuando decidimos casarnos, mi esposa y yo, le comunico a mi madre, su hija, la fecha que habíamos elegido: el 24 de marzo. ¡Y entonces veo que mi madre se pone blanca, muy blanca! Después se enfada y se niega a explicarme lo que está pasando. Necesité mucha paciencia y diplomacia para saber que mi abuela se casó precisamente el 24 de marzo. Mi abuela se negó a venir a nuestra boda y siguió enfadada conmigo hasta el final de su vida; creyó que lo había hecho a propósito».

Veinte años después, él viaja a la Patagonia y conoce a un antiguo gendarme que, entre sus recuerdos, le cuenta éste: asistió a la boda de una joven con Jean Martel. Esta joven estaba embarazada de un Jean Martel… que era sacerdote y tío del Jean Martel con el que se iba a casar. Jean entiende por los detalles que se le dan que estos Jean Martel eran su abuelo y su supuesto padre.

Esa mujer tuvo la suerte de casarse antes de dar a luz. Nunca sabremos cómo se arregló el matrimonio, en cualquier caso tenía la ventaja de justificar la eventual semejanza del niño con el sacerdote. Las familias se organizaron para salvaguardar el honor de la joven y del sacerdote. Otras familias muy católicas prefieren absolver al sacerdote y condenar a su hija, como veremos pronto. El siguiente ejemplo nos muestra cómo una familia puede reorganizarse con la ayuda del señor sacerdote.

PIDO CONSEJO AL SEÑOR SACERDOTE

Hace poco recibí a una señora de más de 80 años, temblando de miedo, sobre todo de miedo a pecar, que me confesó al borde de la descompostura que su prometido la había besado (en la mejilla) antes de su matrimonio. Matrimonio promovido por el sacerdote después de que le hubiera desaconsejado seguir dejándose cortejar por un primer eventual pero demasiado anticlerical prometido, al que amaba. El pecado rondaba a su alrededor y hacía la vida tan peligrosa que, desde su infancia, confió la organización de su vida al «señor sacerdote». Éste, evidentemente, ya no es el mismo que le enseñó el catecismo, pero sigue siendo el «señor sacerdote» quien se ocupa hoy de su difícil relación con sus hijos.

En efecto, el pecado podía surgir en el momento más imprevisible y sin que nadie se diera cuenta: joven de buena familia, su madre «se quedó embarazada» después de emborracharse en un baile de oficiales en Toulon cuando se suponía que iba a servir de carabina de sus hermanas mayores... La familia se organizó y son los padres de su madre los que han criado a este primer e inesperado nieto. Por su parte, estuvo deprimida toda su vida, dejando que su marido y el «señor sacerdote» la cuidaran, precipitándose sobre sus pastillas cada vez que temía oír algo que pudiera molestarla.

El recurso de la religión y/o de la depresión es bastante fácil de entender. Sin embargo, es difícil admitir que las somatizaciones puedan ser una manifestaciones de dramas vividos una o dos generaciones antes. No obstante, Irène dará testimonio de ello y veremos otros ejemplos en el capítulo siguiente.

LAS PALPITACIONES CARDÍACAS DE IRÈNE

En el transcurso de un intercambio, Irène relata de forma un poco anecdótica que tiene graves palpitaciones cardíacas: hasta 140 palpitaciones por minuto.

—Como mi madre a la misma edad –dice.

—¿Ah? ¿Y cuántos años tienes? –le pregunto.

—Tengo 44 años.

Después le pregunto si alguien de su familia materna tuvo un problema grave a la edad de 44 años o si ocurrió algo dramático en 1944. La respuesta es inmediata:

—Ah sí, mi tío nació en 1945, mi abuela se quedó embarazada en 1944, de un alemán. Estaban enamorados, él desapareció durante la Liberación. Sus padres la pusieron en una institución donde se cuidaban de las madres solteras.

Embarazada de un alemán al que amaba… podemos imaginar el dolor y el pánico de la joven en el momento de la Liberación. Sus palpitaciones le dejaron semejantes huellas que su hija y su nieta las expresan con taquicardia cuando cumplen 44 años. Irène y su madre conocen la historia: ese dolor de 44 está inscrito en su memoria, 44 desencadena las manifestaciones fisiológicas del miedo, sin que miedo y 44 sean conscientemente asociados.

Irène conocía la historia de su abuela, pero no había hecho la conexión entre sus palpitaciones y lo que sucedió 75 años antes.

Las ondas de *shock* provocadas en una familia traumatizada por un acontecimiento interno o externo se extienden en el tiempo, pasan de una generación a otra y adoptan formas muy variables. Alcoholismo, ansiedad, depresión, delincuencia, esta estampa es bastante desastrosa. No tiene en cuenta las miles de familias que han podido, por el contrario, integrar el drama y quizás convertirlo en un activo. Por ejemplo, la pareja formada por la madre de Jean y su padre oficial parece haber sido lo suficientemente estable y serena para permitir el desarrollo de sus hijos. Las familias felices por supuesto tienen una historia, pero no se quejan.

La transmisión de vivencias positivas o negativas tiene un impacto en la vida de los descendientes y, en particular, de los guardianes del cementerio. Ahora vamos a descubrir los mecanismos que hacen posible estos fenómenos de repetición, ventriloquismo o somatización varias generaciones después de los acontecimientos.

LA TRANSMISIÓN COMIENZA ANTES DEL NACIMIENTO

Los acontecimientos transgeneracionales suscitan el asombro y la fascinación porque parecen incomprensibles. Para explicarlos, la mayoría de los investigadores y los profesionales se han centrado en describir un funcionamiento de inconscientes: bien sean inconscientes individuales comunicando los unos con los otros, bien sea un «co-inconsciente» familiar.

¿Inconscientes individuales, co-inconsciente familiar?

Desde Freud, el concepto de inconsciente describe un funcionamiento psíquico que sólo se conoce por los efectos que produce. Se establece por el rechazo de los deseos y de los impulsos infantiles, generados por las limitaciones de la educación, las resistencias y los miedos de los niños, así como por necesidades y rigideces de la educación. No se puede situar biológicamente. Es un proceso intrapsíquico individual activo que se manifiesta tanto por actos fallidos y lapsus como por la neurosis o la psicosis.

Más allá de este concepto, Freud[1] había postulado «la existencia de un alma colectiva y la posibilidad de que un sentimiento se transmita de generación en generación vinculándose a una culpa de la que los hombres ya no tienen conciencia ni el más mínimo recuerdo». Esta culpa sería el asesinato del padre por sus hijos. Sus consecuencias: la

---

1. Sigmund Freud, *Tótem y tabú*, Akal, 2018.

prohibición del asesinato y de ciertas alianza matrimoniales (es decir, la prohibición del incesto) serían la base de la cultura humana. Si este pensamiento no ha sido confirmado por la antropología, la intuición de un «sentimiento» vinculado a una culpa que se transmitiría de generación en generación está muy verificada. Además, está alimentada por el cristianismo y su noción de «pecado original».

Por su parte, Nicolas Abraham y Maria Török plantean la hipótesis de que lo que es secreto porque es inexpresable (el trauma, la vergüenza, el goce) permanece tal cual, fijo e inmutable, en una «cripta» que sería un inconsciente conservador por oposición al inconsciente activo que hemos descrito anteriormente. Esta descripción es una imagen hermosa, bastante cercana a la realidad descrita mucho más tarde por las neurociencias con respecto al trauma que quedaría enquistado.

Activos o conservadores, no acabamos de entender bien (por el momento) cómo esos inconscientes se comunican unos con otros.

Al concepto de cripta que guardaría intacto el secreto, Anne Ancelin Schützenberger prefería la idea de un co-inconsciente familiar, memoria transgeneracional que sería compartida a lo largo de varias generaciones por los miembros de una familia, siendo algunos más portadores que otros o, según ella, más designados y/o inconscientemente voluntarios para recuperar la «patata caliente». Pero ¿cómo diferentes personas tendrían acceso a un inconsciente común? Somos individuos independientes los unos de los otros, ¿sería necesario plantear la hipótesis de una memoria almacenada y compartible alojada en algún lugar? ¿Cómo en una especie de «*cloud*»?[2]

Comunicación entre inconscientes individuales o co-inconsciente familiar, estos conceptos describen hechos que constatamos, pero que no sabemos cómo explicar. De esta manera, contribuyen a conservar su aspecto un poco mágico a la transmisión transgeneracional.

Vamos a ver que en realidad se trata de una memoria familiar traumática cuya transmisión comienza incluso antes de la concepción, apoyándose en una sinergia de nuestras facultades psíquicas y fisiológicas.

---

2. *Cloud* ('nube', en inglés) es el espacio informático en el que se almacenan los datos que confiamos a Internet. Esta nube se compone en realidad de ordenadores muy potentes conectados entre sí.

La herencia de traumas que tuvieron lugar antes de la concepción

Genética y epigenética

Nuestra encarnación comienza cuando un óvulo, entre los trescientos mil que posee nuestra madre, y un espermatozoide, entre los cientos de millones fabricados por nuestro padre, se encuentran. Producen entonces el ser único en el mundo que es cada uno de nosotros. Llevamos así una memoria de nuestros padres, porque la reproducción de la vida supone una memoria de ella.

A la sazón comienza la división celular que duplica cada célula de forma idéntica. Cada una está constituida por un núcleo que contiene los cromosomas, veintitrés pares en total compuestos cada uno de un cromosoma de la línea materna y de un cromosoma de la línea paterna, asegurando de esta forma lo que es innato en nosotros. Los cromosomas albergan el ADN que contiene los genes y las proteínas. Los genes indican a cada célula su función en nuestro organismo. La mayoría de los genes están organizados en pares de copias de genes (llamados «alelos») procedentes del padre y de la madre: genes A del padre y de la madre, genes B del padre y de la madre, etc., emparejados juntos. Estos duplicados constituyen una seguridad en caso de un gen defectuoso. Las proteínas permiten la expresión del gen, reciben sus órdenes del ADN a través de los mensajeros que son el ARN y los micro-ARN.[3]

Los descubrimientos de varios laboratorios de investigación (Suiza, Estados Unidos, Francia, Países Bajos) están revolucionando la genética tradicional al mostrar que los caracteres adquiridos pueden transmitirse a la generación siguiente, conservando la posibilidad de ser borrados.

Ciertamente, las modificaciones de la expresión (es decir, de la activación) de genes provocadas por un gran estrés o un trauma pueden afectar a las células germinales, tanto masculinas como femeninas, que transmiten entonces las alteraciones a la generación siguiente. Pero estas alteraciones pueden ser reparadas. ¡Nuestra herencia es reprogramable!

---

3. Los micro-ARN son ARN muy pequeños.

Estos resultados son corroborados por numerosos estudios realizados en animales de laboratorio: se utilizan ratas y ratones. Por supuesto, no somos ni ratones ni ratas, pero estos animales están, como nosotros, sujetos al miedo, al estrés y a la depresión, y su metabolismo es muy similar al nuestro.

Los investigadores[4] han sometido a los ratones a pequeñas descargas eléctricas asociándolas al olor del cerezo. Los descendientes de estos ratones muestran un comportamiento de rechazo cuando huelen el olor del cerezo y la zona del cerebro especializada en el sentido del olfato está más desarrollada en ellos que en los ratones de control. Las crías fueron concebidas por fecundación *in vitro* para evitar el posible efecto de un aprendizaje transmitido por el comportamiento del padre; esta técnica permite afirmar que este rechazo al olor de cerezo es innato.

Otros investigadores[5] compararon tres poblaciones de ratones: una población de ratones no estresados, una segunda población en la que se estresó a las hembras embarazadas y no a sus descendientes y una tercera población en la que se estresó a todas las generaciones. Las investigaciones muestran por comparación que los descendientes de la segunda población heredaron el estrés y la alteración de algunos genes dependiendo de los micro-ARN específicos.

Por su parte, Isabelle Mansuy, profesora de neuroepigenética en Zúrich,[6] separó los ratones de sus madres de forma imprevisible, estresándolos a ellos y a sus madres. Puso en evidencia las alteraciones metabólicas asociadas a la depresión y los trastornos de la memoria en los descendientes hasta la cuarta generación.

Todos estos resultados muestran que el traumatismo impacta en las generaciones siguientes tanto en su comportamiento como en su fisiología. Estos dos aspectos son indisociables. ¿Se aplican estas investigaciones al ser humano?

Evidentemente, no es posible experimentar. Si bien el análisis de las familias caso por caso permite comprobar alteraciones de genes o

---

4. Universidad de Emory (Atlanta).
5. M. Ambeskovic *et al.*, Centro Canadiense de Neurociencias Comportamentales.
6. En la Facultad de Medicina de la Universidad de Zúrich y en el Departamento de Ciencias y Tecnologías de la Salud de la Escuela Politécnica Federal de Zúrich.

de su transmisión, no permite deducir una relación con el trauma ya que otros acontecimientos pueden impactar a una familia, y también se puede plantear la hipótesis de una enfermedad. La multiplicidad de posibles causas impide establecer una relación de causa efecto, y entonces es cuando el estudio estadístico es el que permite establecer una relación causal entre el trauma y sus efectos en la (o las) generación(s) siguiente(s). Estudios epidemiológicos de poblaciones que han sufrido catástrofes naturales o provocadas por el hombre permiten, en comparación con las poblaciones no afectadas, establecer correlaciones estadísticas. En este caso, podemos señalar la existencia de un vínculo entre el origen (el trauma) y la manera en que afecta a las poblaciones.

LOS EFECTOS DE LA VIOLENCIA EN LAS POBLACIONES

Rachel Yehuda, investigadora en la Escuela de Medicina Monte Sinaí (Nueva York), había confirmado que existía una vulnerabilidad psíquica en los hijos de personas afectadas por el Holocausto. Tras varios años de investigación, descubre que presentan un déficit de cortisol. Como vimos anteriormente, el cortisol es la hormona que regula nuestra reacción al estrés. También desempeña un papel fundamental en el metabolismo de los carbohidratos, las proteínas y los lípidos. Este déficit causa una menor resistencia a las agresiones tanto físicas como psíquicas. Después, al trabajar con mujeres embarazadas que sufrieron estrés postraumático tras los atentados del World Trade Center, comprobó que sus tasas de cortisol eran inferiores a lo normal. Un año más tarde, tras analizar la saliva de los bebés de esas mujeres, confirmó que presentan el mismo déficit de cortisol.

Numerosos estudios sobre los niños de poblaciones que han sufrido violencia colectiva (hijos de padres que sufrieron el genocidio en Camboya o en Ruanda, hijos de padres palestinos que viven en los territorios ocupados por el ejército israelí) muestran que todos presentan los mismos registros epigenéticos que los niños del Holocausto, en particular esa «herencia» de déficit de cortisol.

Sin embargo, los efectos de la transmisión varían, dependiendo de si el trauma fue vivido por el padre, la madre o por ambos progenitores.

La huella genómica parental

Para funcionar, la mayoría de los genes necesita la copia del gen materno y del gen paterno, pero una transformación epigenética puede provocar la inactivación de uno de estos dos alelos. En este caso, la copia activa puede permanecer idéntica desde la concepción hasta la edad adulta, ya que estos genes llamados «de huella parental» tienen la particularidad de escapar de las dos reprogramaciones que experimentan los genes durante las primeras semanas de desarrollo del feto: la primera, mientras el embrión no está todavía instalado en el endometrio, y la segunda más tarde, que alcanza únicamente una parte de las células reproductoras. El gen mantiene entonces sus características epigenéticas: lo adquirido se transmite, se convierte en innato.

«Quedarás marcado por lo que tu abuelo vivió en la pubertad y por lo que tu abuela estuvo expuesta en el estado fetal», escribe Isabelle Mansuy (profesora de la Facultad de Medicina de la Universidad de Zúrich).[7] Sin embargo, sin retroceder tanto, Marion nos da un ejemplo.

MARION

Muy afectada por la profunda depresión asociada a una conducta imprevisible de riesgo de su hija Marion, una amiga me dice:

—De hecho, me doy cuenta de que siempre he estado un poco deprimida. Mi madre no quería quedarse embarazada, yo era la séptima y ella no podía más. Lloró durante todo el embarazo y continuó llorando después de mi nacimiento. Mi padre, por su parte, jugaba al *pater familias* en su granja, no se ocupaba ni de ella ni de nosotros. Me ahogaba en medio de todos mis hermanos. Más tarde fui violada por un primo.

Esto reforzaría la culpabilidad de las madres a las que muchas teorías psicológicas han hecho responsables del autismo, el estrés, la dificultad para vivir o la depresión de sus hijos...

---

7. Isabelle Mansuy, Jean-Michel Gurret, Alix Lefief-Delcourt, *Reprenez le contrôle de vos gènes*, Larousse, 2019.

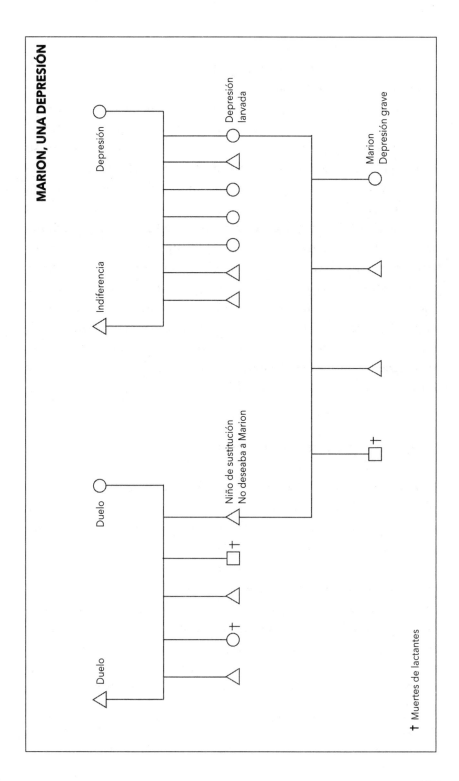

MARION, UNA DEPRESIÓN

Duelo

Duelo

Depresión

Indiferencia

Niño de sustitución
No deseaba a Marion

Depresión
larvada

Marion
Depresión grave

✝ Muertes de lactantes

137

Después de un tiempo de silencio, ella continúa:

—El padre de Marion nació justo después de la muerte de un bebé…

De nuevo silencio y añade:

—Hace poco me dijo que no quería realmente ese cuarto niño.

Así que hicimos un genograma[8] de la depresión de Marion incluyendo a su padre y sus abuelos. Sus abuelos paternos en duelo, su abuela materna en depresión, su padre un niño de sustitución y su madre en depresión larvada, todo indica que la depresión de Marion viene de lejos.

¿La depresión sería hereditaria? En todo caso, algunas depresiones serían hereditarias a través de los factores epigenéticos, según confirman los investigadores en neurobiología. ¿Cómo es posible? Afectadas por un trauma, las células germinales (espermatozoides y ovocitos) de uno u otro progenitor transmiten el gen alterado a sus hijos. Si es «de huella parental», este gen puede permanecer intacto hasta la edad adulta y, por lo tanto, transmitirse como tal a la siguiente generación. Si alcanza una célula germinal del heredero, éste lo transmite a su vez a sus descendientes. Y esto es posible a lo largo de varias generaciones.

El papel de los padres en la transmisión

Desde 2010, varios estudios llevados a cabo en diferentes laboratorios[9] relativos a padres que sufrieron abusos en su infancia muestran que transmiten en el momento de la fecundación algo del estrés o del trauma que han experimentado: en su esperma se encuentran cambios en la concentración de ciertos tipos de micro-ARN correlacionados con el estrés. Parece demostrado que «son los machos los que son capaces de transmitir una susceptibilidad al estrés a través de múltiples generaciones sin que éstas, a su vez, estén expuestas al mismo estrés, probablemente por medio de las células germinales», escriben Pauline Monhonval y

---

8. Un genograma es un árbol genealógico ampliado que incluye información cualitativa sobre los miembros de la familia y, en su caso, personas importantes que no pertenecen a la familia pero que han participado en su historia, así como lugares, casas o animales.

9. Por ejemplo, Isabelle Mansuy, Universidad de Zúrich; Larry Feig, Boston.

Françoise Lotstra en un texto que presenta un conjunto de investigaciones.[10]

Más concretamente, los investigadores constatan sin poder explicarlo a día de hoy que si el padre ha sufrido un trauma, transmitirá a una o varias de sus hijas una depresión con conductas de riesgo. «El ARN del esperma es un potente vector molecular de transmisión de experiencias de vida»,[11] escribe Isabelle Mansuy.

Las «experiencias de vida»: esta expresión es importante, ya que indica que existe una transmisión más allá de las características físicas y biológicas. El niño hereda una forma de ser fisiológica o psíquica que corresponde al trauma de un padre o un abuelo. Vive un estrés o un dolor incomprensibles, incluso, y sobre todo para él mismo, ya que no se vio directamente afectado por el acontecimiento. Expresa algo que no tiene sentido porque no le pertenece, por lo que creemos que es una locura.

Una herencia reprogramable

Estos descubrimientos de la epigenética cuestionan el eterno debate de lo innato y lo adquirido demostrando que lo innato puede ser de lo adquirido de la generación anterior. También nos transmiten esta extraordinaria noticia: lo adquirido es modificable. Un buen entorno y los cuidados que recibimos y nos damos a nosotros mismos pueden reparar tanto las fragilidades que hemos adquirido como las heredadas. Volveremos sobre este tema. Observemos por el momento que después de recibir atención psiquiátrica y psicoterapéutica, Marion, muy apoyada por sus padres, ha recuperado el equilibrio y ha iniciado un curso de formación profesional.

Los ratones se ven impactados hasta la cuarta generación. Los seres humanos, sin duda, también. Hemos visto que nuestra memoria

---

10. Pauline Monhoval, Françoise Lotstra : «Transmission transgénérationnelle des traits acquis par l'épigénétique», en *Cahiers de psychologie clinique*, 2014, n.º 43, págs. 29-42.
11. Isabelle Mansuy, Jean-Michel Gurret, Alix Lefief-Delcourt, *op. cit.*

registra la fecha de los acontecimientos importantes. Parece que los genes con huella parental conservan esta memoria de fechas. ¿Cómo explicar de otra manera los nacimientos en aniversarios especialmente importantes para uno u otro miembro de la familia, incluso si estas fechas están completamente olvidadas? Prueba de ello son todos esos árboles genealógicos en los que se repiten las fechas de nacimiento, de matrimonio o de muerte a lo largo de varias generaciones. La «constelación» de fechas aniversarios que se repite en mi familia con varias generaciones de distancia es un testimonio de ello.

UNA CONSTELACIÓN DE FECHAS ANIVERSARIOS

«Couvert es un nombre de mujer; Jules Couvert, el abuelo de Henri, era un bastardo», había anunciado mi abuela paterna, la esposa Couvert, a mi madre, antes de que se convirtiera en su nuera. La mujer en cuestión es Mélanie Couvert, la bisabuela de mi padre, y su hijo, el abuelo de mi padre, nació en 1863. Más de 80 años después, en 1949, tras tres guerras y tres éxodos, mi abuela, que por lo demás se burlaba totalmente de lo que diría la gente, consideró necesario informar a mi madre. Es decir, la imposición de estos juicios que se hacían estas «madres solteras» y sus hijos.

Mucho después, mis hermanas y yo[12] nos reunimos para un llevar a cabo un «fin de semana genealógico». Cada una de nosotras disponía de información y documentos de los que las demás ignoraban su existencia. Entre ellos, el enorme trabajo de investigación genealógica realizado por nuestro primo lejano (el padre Georges Couvert) sobre la familia Couvert de las Ardenas a las que pertenecemos. Este documento nos permitió identificar a un Jules Brasseur como el padre de Jules Couvert. ¿Por qué? Hijo de Simon Brasseur casado con Anne Couvert, Jules Brasseur nació el 12 de abril de 1843, mientras que mi padre nació el 12 de abril de 1923. ¿Son suficientes los días de nacimiento comunes, unidos por ese nombre de Julio en cada generación intermedia para proclamar una ascendencia? Probablemente no.

---

12. Somos cuatro hermanas.

UNA CONSTELACIÓN DE FECHAS ANIVERSARIOS

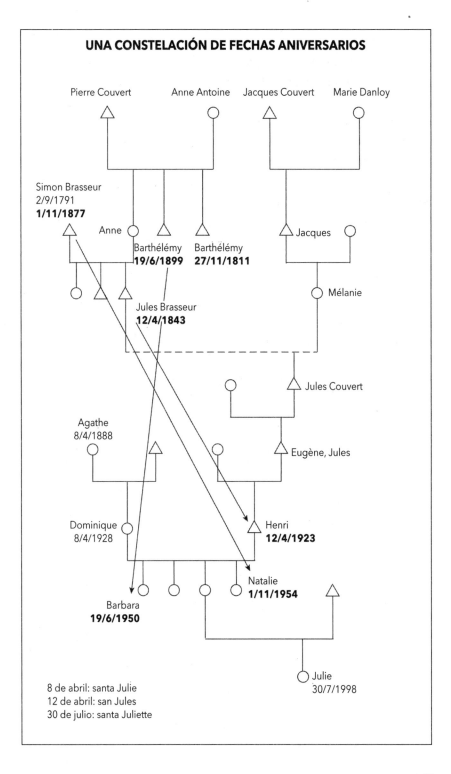

Pierre Couvert Anne Antoine Jacques Couvert Marie Danloy

Simon Brasseur
2/9/1791
1/11/1877

Anne

Barthélémy
19/6/1899

Barthélémy
27/11/1811

Jacques

Mélanie

Jules Brasseur
12/4/1843

Jules Couvert

Agathe
8/4/1888

Eugène, Jules

Dominique
8/4/1928

Henri
12/4/1923

Barbara
19/6/1950

Natalie
1/11/1954

Julie
30/7/1998

8 de abril: santa Julie
12 de abril: san Jules
30 de julio: santa Juliette

141

Pero a ese 12 de abril, se suman otras dos fechas de nacimiento comunes: Simon Brasseur, el padre de Jules Brasseur, murió un 1.º de noviembre, mi hermana Natalie nació un 1.º de noviembre. Simon Brasseur se casa con Anne Couvert, cuyo hermano Barthélemy nació el 1.º mesidor del año VII,[13] (que corresponde al 19 de junio de 1799 de nuestro calendario), yo nací un 19 de junio. Este Barthélemy debió morir antes de cumplir los 11 años ya que otro Barthélemy Couvert nació el 27 de noviembre de 1811. Tres fechas de aniversario concentradas en dos generaciones repetidas varias generaciones después. Estamos, pues, ante la alucinante hipótesis de que los óvulos y los espermatozoides se unen, llevando una memoria que se encarna, una memoria sin recuerdo, pero tan activa que produce un trío de fechas de aniversario vinculando a tres miembros cercanos de una misma familia con varias generaciones de diferencia. Creo que ha habido un drama entre Simon Brasseur, Anne Couvert –con quien Simon se casará tras la muerte del primer Barthélemy– Jules Brasseur y Mélanie Couvert que está en el origen de nuestro linaje.

He pedido a varios matemáticos que calculen las probabilidades de encontrar semejante repetición de fechas de aniversario en una relación familiar tan estrecha.[14] El cálculo parecía imposible, las probabilidades improbables y renuncié.

—¡Pero –exclamó mamá cuando le mostré esta «constelación»–, soy yo quien os ha llevado y puesto en el mundo!

Este conjunto de fechas pertenece, en efecto, a nuestro linaje paterno, por lo que tenemos que pensar que nuestra madre fue como un puente. En efecto, podemos admitir que nuestro padre hereda una

---

13. Según el calendario republicano francés. Es un calendario propuesto durante la Revolución francesa y adoptado por la Convención Nacional, que lo empleó entre 1792 y 1806. El diseño intentaba adaptar el calendario al sistema decimal y eliminar del mismo las referencias religiosas; el año comenzaba el 22 de septiembre, coincidiendo con el equinoccio de otoño en el hemisferio norte. [Wikipedia]
14. Tanto más estrecha cuanto que las familias Couvert y Brasseur estaban completamente entrelazadas: Virginie Brasseur (hermana de Jules Brasseur) se casa con un Jacques Brasseur (cuya madre era Catherine Couvert.) Su hermano Jean se casa con una nieta de Marie-Jeanne Couvert. Estos matrimonios casi consanguíneos son característicos de los pueblos de la antigua Francia rural sin grandes intercambios con el mundo exterior.

fecha esencial para su linaje y nosotros, sus hijos, a continuación. Pero es a través de nuestra madre que nacimos en esas fechas, que no tienen nada que ver con su genealogía. ¿Cómo entenderlo?¿Deberíamos asumir la hipótesis de los «genes reloj por huella parental»? Quizá en los próximos años lo descubramos.

En cualquier caso, Françoise Dolto[15] da testimonio, con su particular estilo, de una alquimia biológica y mental entre tres personas: los padres y el hijo. A Gérard Séverin, quien le pregunta: «¿Cuál es la cuestión?», ella le responde: «La cuestión es el verbo activo que se encarna en la materia que se convierte en vida humana. La cuestión es la palabra verdadera que toma parte activa entre las palabras que, durante el orgasmo, los genitales no pronuncian. De hecho, durante esa efervescencia de pasión llega un momento, un instante en el que ninguna palabra es dicha. Esta palabra no dicha en el fragor del abrazo, se encarna».

La transmisión *in utero*

En lo profundo del vientre de su madre, adosado a la placenta a la que está unido por el cordón umbilical, el feto nada en el líquido amniótico que lo nutre, lo protege y mantiene su temperatura. La placenta, ese «pastel»,[16] organiza los intercambios entre la madre y el feto: además de dar de comer y de limpiar los restos, actúa como barrera inmunológica y produce las hormonas que se ocupan tanto del crecimiento del feto como de la evolución de la gestación.

Estos intercambios fisiológicos permiten al feto percibir directamente los «humores» de su madre a través de las hormonas destiladas por sus emociones y gracias a los sentidos que ya ha desarrollado. Las variaciones de los niveles hormonales, especialmente las del cortisol, informan al feto sobre el estado del bienestar de su madre. Si ella está bien, él está bien; si ella está estresada o traumatizada, o soporta condiciones de vida perjudiciales para su salud, él lo siente. Es muy

---

15. Françoise Dolto, *El Evangelio ante el psicoanálisis,* Ediciones Cristiandad, 1979.
16. En latín, «placenta» significa 'pastel'.

rápidamente sensible al tacto, a los olores, a los sabores que percibe procedentes de su madre. También es sensible al mundo exterior, cuyos estímulos capta y memoriza, especialmente los sonidos y en particular la voz de su madre, que reconoce. Registrando sonidos, luces y movimientos, prepara su adaptación al mundo que encontrará al nacer.

Por desgracia, los acontecimientos graves, personales o colectivos, pueden perturbar la vida de una mujer embarazada. El feto está, entonces, más o menos intoxicado de hormonas de estrés de su madre. Un poco de cortisol en la madre provoca mucho cortisol en el feto, mucho cortisol en la madre provoca una gran cantidad de cortisol en el feto. Este estrés puede ser memorizado y, convertidos en adultos, muchos niños llevan el estigma de los traumatismos vividos por su madre cuando estaba embarazada de ellos. Muchos estudios lo demuestran.

La hambruna en los Países Bajos en 1944

Organizada por el ejército alemán durante el invierno de 1944-1945, que fue particularmente duro, esta hambruna afectó a cuatro millones y medio de personas, de las cuales murieron veintidós mil. Numerosos estudios muestran el impacto del estrés de la guerra y la hambruna en los hijos de las mujeres que estaban embarazadas en ese momento: son más pequeños que la media de los niños y adultos de su edad y sufren más que la media de numerosos problemas de salud, como diabetes, obesidad, enfermedades cardiovasculares, enfermedades neurológicas y fragilidad psíquica. Sesenta años después, sus nietos también son más pequeños y más propensos a padecer las mismas enfermedades y fragilidades.

Los «niños del hielo»

En enero de 1998, una tormenta de lluvia helada azotó Canadá durante varios días, privando a tres millones de personas de electricidad durante un período que iba de varios días a varias semanas. Esta tormenta provocó dificultades de suministro así como la hospitalización de varios miles de personas. Ocasionó una crisis en la agricultura, especialmente para los ganaderos y el sector del arce, y el cierre de empresas, que culminó en cuarenta y seis mil despidos.

Este desastre es un traumatismo colectivo que ha sido objeto de numerosos estudios. Suzanne King, profesora de psiquiatría de la Universidad McGill e investigadora principal en el Instituto Universitario de Salud Mental Douglas (Quebec), lanzó el «Proyecto tormenta de hielo» para estudiar si el trauma vivido por las mujeres embarazadas en el momento que se produjo esta tormenta tuvo un efecto en los niños de los que estaban encinta en ese momento. El estudio comenzó en 1998 y continúa hasta el día de hoy.[17]

Los resultados de este estudio muestran que un determinado número de niños presentan, varios años después, un leve retraso en el lenguaje y leves dificultades de concentración. Tienden a la obesidad, los ataques de asma y la depresión. Los autores de la investigación, sin embargo, matizan sus resultados: admiten no haber tenido en cuenta una serie de variables (entre ellas, las dificultades alimentarias) ni la posibilidad de un rol ejercido por el padre en el apoyo a la madre o, por el contrario, en el refuerzo de su estrés.

El genocidio de los tutsis

Nader Perroud, Eugène Rutembesa, Ariane Giacobino y sus colaboradores han realizado un estudio sobre mujeres tutsis que escaparon del genocidio estando embarazadas, y sobre sus hijos, comparándolas con mujeres tutsis embarazadas pero que permanecieron a salvo del genocidio y sus hijos. Los autores muestran que los hijos de las mujeres que escaparon al genocidio sufren, al igual que sus madres, de una alteración del eje hipotálamo-hipófisis-suprarrenal y de estrés postraumático.

Estos estudios estadísticos se refieren a una población afectada por una tragedia, comparándola con una población que no se ha visto afectada. De este modo, permiten identificar algunos efectos y, por tanto,

___
17. En 2019.

definir una causalidad. Por su parte, Béatrice sufre (y hace sufrir a sus seres queridos), pero no sabe por qué a pesar de que habla de ello con frecuencia.

HUBIERA PREFERIDO SER FELIZ

«Hubiera preferido ser feliz», me dijo un día mi amiga Béatrice, mientras admiraba el magnífico parque que rodea su hermosa casa a orillas del Loira. Pero no lo es y nunca lo ha sido: sus colegas, sus hombres, sus hijos son, para ella, una fuente de problemas, de dolor y de enfados, raramente de alegría. Hace poco me llevó al cementerio para enseñarme la concesión que acababa de comprar. Está muy contenta: su tumba estará junto a la de su padre.

Cada vez que nos tomamos un tiempo para hablar, vuelve a ese padre que no conoció y que siempre echó de menos: su madre estaba embarazada de ella cuando su padre murió accidentalmente. El conocimiento de este suceso no le sirve de nada porque no lo relaciona con ella misma. Y paradójicamente, es como si hablar de ello impidiera el acceso a su conciencia. Béatrice vive una especie de duelo sin dolor que no termina nunca. Diríamos que reivindica, que quiere que se reconozca una injusticia que le ha ocurrido. Conserva un resentimiento que hace recaer sobre los demás, empezando por sus seres queridos. Está sumida en una rabia que la protege impidiéndole el acceso a sus emociones. A veces dice (por ende) que algo en ella «no anda bien», pero se avergüenza y esa vergüenza aumenta su sufrimiento. Le parecería ridículo ir a ver a un psiquiatra. Así que a veces «esto» va bien y a veces «esto» no va en absoluto. El duelo se ha instalado en ella incluso antes de nacer. Nació empapada de un sufrimiento que no es suyo y en un mundo donde la alegría de su nacimiento ha sido borrada.

La «transparencia psíquica»

El embarazo es un estado fisiológico y psíquico particular. Monique Bydlowski (neuropsiquiatra y directora de investigación del INSERM) describe que las mujeres embarazadas experimentan un estado que ella ha llamado «transparencia psíquica»: un estado en el que «fragmentos del inconsciente vienen a la conciencia».[18] Esta apertura espontánea a su inconsciente cesaría en los primeros meses posteriores al parto y la amnesia se impondría de nuevo.

De hecho, las madres parecen no recordar este momento de «transparencia psíquica». Pero si es así, para las que han vivido una primera infancia particularmente difícil o sufrido estrés repetido o traumatismo, el recuerdo de estos acontecimientos previamente reprimidos puede volver a la conciencia, y con él, las emociones relacionadas. El recuerdo de estos acontecimientos pasados desencadena emociones en el presente. Por lo tanto, actúa sobre el feto de la misma manera que el estrés o los traumas vividos durante el embarazo... Un niño puede, por lo tanto, sufrir los efectos de un trauma que su madre vivió mucho antes de ser concebido. Que se escuchen estas emociones y se comprenda su origen, calma a la madre y al niño.

Pero muchos niños llegan a un mundo de duelo y de preocupación y, en este caso, es difícil para los padres, y para las madres en particular, tener la disponibilidad mental necesaria para acoger adecuadamente a su hijo. Las atenciones, los abrazos, las sonrisas que hacen feliz a un bebé son casi imposibles para ellos, aun cuando son indispensables para borrar la intoxicación *in utero*.

A pesar de estos primeros contactos difíciles, todos los bebés manifiestan muy buena voluntad. Por su parte, los padres tienen que acostumbrarse a este recién llegado que transforma el equilibrio del sistema familiar. Deseado o no, el bebé es esperado y los padres y la familia ya han comenzado, antes de su nacimiento, a proyectar sus expectativas,[19] sus sueños, sus temores. En general, los padres quieren que sus hijos

---

18. Monique Bydlowski, *La deuda de vida: Itinerario psicoanalítico de la maternidad*, Editorial Biblioteca Nueva, 2007.

19. Desde los trabajos de Rosenthal y Jacobson, sabemos que el hecho de esperar de una persona (*a fortiori* un niño en su familia) que tenga tal o cual comportamiento le influye suficientemente para que, de hecho, adopte ese comportamiento, incluyendo un aumento en su coeficiente intelectual. Es el «efecto Pigmalión». A la inversa, el hecho de proyectar que un niño será incompetente disminuye su rendimiento.

sean felices y que tengan éxito en todo cuanto emprendan, pero no saben, necesariamente, cómo hacerlo. Lo que ocurre a veces es que están demasiado ocupados con sus preocupaciones y sus propios problemas, y que sus deseos para con sus hijos no se corresponden con los que los hijos tienen para sí mismos.

Con el tiempo, los padres integran más o menos bien lo que son sus hijos, lo que creen que son, lo que desean que sean, los recuerdos de su propia infancia y los recursos educativos que utilizan. Es un gran arte que inevitablemente tiene fallos, sobre todo en una familia que ha sufrido traumas. Padres e hijos están atrapados en el funcionamiento del sistema en el que participan y que los sobrepasa mediante una especie de impregnación de la que nadie es verdaderamente consciente.

LA TRANSMISIÓN POR IMPREGNACIÓN DE LA VIDA COTIDIANA

Empezamos aquí con una especie de evidencia: padres felices y cariñoso serán un buen apoyo para el desarrollo de sus hijos si la sociedad se lo permite. Pero es poco probable que los padres con problemas de ansiedad, con trastornos del comportamiento o de la memoria transmitan alegría, serenidad o espíritu de descubrimiento y experimentación a sus hijos. Los comportamientos de los padres modelan los de sus hijos y transmiten implícitamente valores mucho más de lo que lo hacen las palabras y las lecciones morales. Un entorno nocivo produce sufrimiento en el niño, se adhiera o no a los modelos que se le proponen, es decir, que se le imponen (¿cómo ser amado por tu padre si rechazas su modelo?). Con Mathias, luego Michèle, vamos a conocer a dos niños que lidian con el comportamiento sexual inapropiado de sus padres.

Entornos nocivos

UN JOVEN DEPREDADOR SEXUAL

Jeanne es una ejecutiva de una gran empresa, casada desde hace dos años con Nadine, que es secretaria y madre de dos hijos, Mathias (14 años) y Madeleine (10 años), que viven con ellas y pasan un fin de semana de cada dos en casa de su padre, que también se volvió a casar. La relación entre los padres de Mathias y Madeleine es mala. En casa, Jeanne, que se define a sí misma como una «maniática de la limpieza», está harta del desorden y la suciedad. Se queja de pasar todo el tiempo ordenando y limpiando. No sirve de nada, los niños ensucian y desordenan inmediatamente, Nadine, por cierto, también, pero Jeanne está sobre todo harta de los niños, a los que explica una y otra vez lo que hay que hacer y que no lo hacen.

En el transcurso de las entrevistas, nos[1] adentramos en los detalles de esa suciedad, y Jeanne no entiende cómo los niños que se duchan todas las noches «apestan» a la mañana siguiente. Un día, decide subir a sus habitaciones. Hasta entonces se había prohibido a sí misma hacerlo porque «es el trabajo de su madre y no quiere ocupar su lugar». Descubre que las habitaciones, reformadas tres años antes, están estropeadas y sucias, que las sábanas están hechas jirones y que hay «botellas de orina» en la habitación de Mathias. Jeanne se pone furiosa, con una ira desproporcionada contra estos niños que no respetan nada, que no ven las molestias que nos tomamos por ellos. Yo me doy cuenta con estupor de que la madre de los niños nunca subió a sus habitaciones en los tres años que llevan instaladas en la casa. Y le pregunto: «¿Reprochas a una niña pequeña (Madeleine tenía 7 años cuando os mudasteis) que no haga su habitación?, ¿que no cambie sus sábanas? ¿Pero quién le enseñó a hacerlo? ¿Nadie se dio cuenta de que las sábanas no se habían lavado nunca? ¿Durante tres años?». Entendemos entonces que los niños reciben al mismo tiempo abrazos y órdenes, pero no se les enseña nada, no se les muestra nada. Ni la una (por incapacidad) ni la otra (porque ése no sería su rol), ninguna de estas dos mujeres, cariñosas en otros aspectos, han acompañado a estos niños a través de acciones o cualquier tipo de estímulo para ayudarles en el aprendizaje de la limpieza.

El padre de Nadine muere. Jeanne y Nadine, que no habían ido a su casa durante mucho tiempo, descubren «botellas de orina» en un revoltijo abigarrado y monstruoso, desolador y apestando a síndrome de Diógenes.[2]

---

1. Somos dos «anfitrionas» para recibirla.
2. El síndrome de Diógenes se manifiesta por la incapacidad de tirar, de ahí la acumulación de basura innecesaria, y a veces muy sucia, que a menudo conlleva una falta de higiene personal.

MATHIAS, UN JOVEN DEPREDADOR SEXUAL

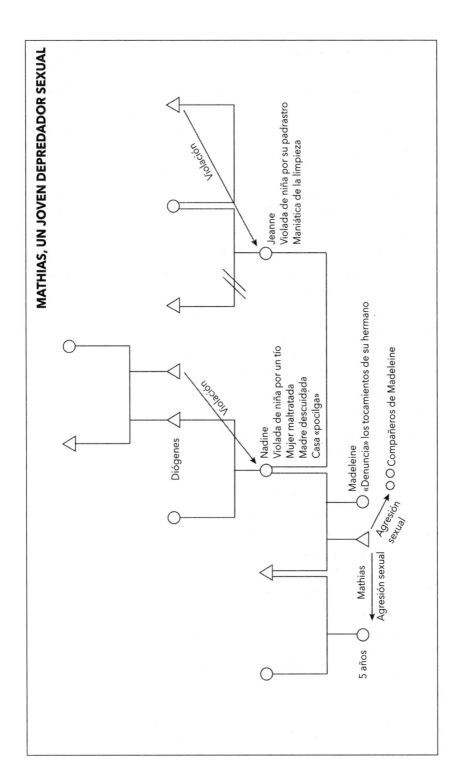

Vacían y limpian la casa y regresan a la suya, reencontrando el desorden y la suciedad que habían dejado allí. No establecen la conexión entre la enfermedad del abuelo y esta incapacidad de Nadine para ordenar y lavar. Jeanne no parece darse cuenta de que los niños siguen el modelo de su madre, aunque las «botellas de orina» en la habitación de Mathias como las que había en la habitación del abuelo la hacen dudar.

Luego las cosas se complican: el padre del niño interviene ante Nadine pidiendo a las dos mujeres «que dejen en paz a Mathias», porque éste se queja de que pasa el tiempo haciendo de criada en su casa. Las mujeres se sorprenden y las dos partes, me atrevo a decir, se explican y, preocupadas por las mentiras de Mathias, se acercan. Jeanne no entiende que Mathias, que «lo tiene todo» (los padres de Jeanne eran muy pobres), mienta como lo hace, porque descubren otras mentiras. Yo le sugiero que el divorcio de sus padres, el hecho de vivir con dos mujeres casadas y en una casa en la que dos conceptos contradictorios de orden y limpieza chocan constantemente es una situación complicada para un adolescente y pueden explicar, en parte, el comportamiento de Mathias.

Algún tiempo después, Jeanne vuelve a estar muy enfadada con Mathias, porque Nadine encontró en su teléfono móvil imágenes y mensajes pornográficos, incluyendo groserías e insultos hacia ella misma. Cuando vuelve del instituto, le da una fuerte bofetada y se le priva de televisión y teléfono. Padre y madre se acercan todavía más, acordando condenar el comportamiento de Mathias, que les escandaliza: ¿cómo puede comportarse así?

De hecho, entre las revistas pornográficas que estaban tiradas a la vista de los niños, la grosería y la violencia sexual del padre y la sumisión de la madre, cómo ha podido convertirse Mathias en ese niño «asqueroso» que sus padres le reprochan ser…

Un día, Madeleine dice que su hermano «tocó» a una de sus compañeras de clase y también a Mariette, de 5 años, hija de su padre y de su nueva pareja. Los padres se indignan. ¿Qué hacer con este hijo? El padre dice que no le pagará los estudios (Mathias es un estudiante muy brillante), Jeanne ya no soporta verlo (ella misma fue violada de los 13 a los 16 años por su padrastro) y Nadine dice que se va a vivir con él a un hotel, porque Mathias es su hijo.

Jeanne está muy desestabilizada y nos pide que la veamos con Nadine. Cuando las recibimos, Jeanne se muestra muy tensa. Nadine, por el contrario, nos cuenta sonriendo y como si fuera una broma que por supuesto Mathias ha cometido una «gilipollez» y que lo llevó a la comisaría para darle una lección. Más miedo que daño, de hecho, parece archivar el caso. Jeanne se remueve en su asiento. Por nuestra parte, le explicamos a Nadine que la violación es un delito, aunque la cometa un adolescente y aunque sus ataques sean a niñas pequeñas cercanas. Explicamos que si no hay seguimiento, lo denunciaremos.

Jeanne llora, las dos mujeres se cogen de la mano y, finalmente, Nadine habla. Ella misma fue violada de niña y adolescente por un tío. Se casó y su marido la maltrataba, se dejó hacer hasta que conoció a Jeanne. De esta forma, la dejadez, el desorden, la negligencia infantil puede explicarse mejor. A menudo son una señal de que se ha cometido violencia, una violencia tal que la víctima ya no tiene ninguna consideración por sí misma y se trata con el asco que siente por lo que le han hecho sufrir. Al no haber sido protegida (a veces no se la cree o incluso es acusada por sus padres de tener lo que estaba buscando), es incapaz de proteger a sus hijos. Incluso puede ponerlos en peligro, como ella misma lo ha estado. También puede, por su negligencia, dejar creer a su hijo que se le permite tener comportamientos sexuales inapropiados.

En la sesión siguiente, Jeanne nos informa de que, a pesar de nuestras advertencias y de las suyas, y a pesar del miedo expresado por Madeleine, Nadine dejaba a los dos niños solos cuando tenía que hacer recados... Ningún acompañamiento se establece para Mathias, aunque los servicios sociales han realizado un informe. Las mujeres llevan a la pequeña Madeleine a psicoterapia. De hecho, ¿cuál es el impacto que tiene para una pequeña haber vivido en la violencia pornográfica y el machismo vulgar y maltratador de su padre hacia su madre? ¿De la pasividad de ésta? ¿De vivir ahora con miedo a quedarse sola con un hermano cuyo comportamiento ha denunciado? ¿De ser responsable del posible internamiento de este hermano, un internamiento que ni él ni las mujeres quieren?

A la espera de que los servicios sociales tomen una decisión con respecto a Mathias, las dos mujeres han empezado una terapia familiar, incluyéndolas a ellas y a los niños, y están tratando de involucrar al padre. Jeanne también ha iniciado un trabajo psicoterapéutico personal. El contexto familiar de Mathias –habiendo vivido su madre y su padre una relación perversa de perseguidor-perseguida, incluida en una sexualidad expuesta a los ojos de sus hijos– con una madre que se va a vivir con una mujer en el momento en que, siendo un adolescente, lidia con su incipiente virilidad, la falta de apoyo y de educación en la que vive, su desesperación, sus llamadas de auxilio no escuchadas son todos factores que parecen conducirlo necesariamente a la violencia sexual. Hijos de mujeres violadas y de hombres que utilizan el sexo como arma contra las mujeres, ¿no es él también una víctima? ¿Qué modelos de conducta ha tenido? ¿Qué opciones?

¿Venganza? ¿Voluntad de hacer daño donde más puede herir a su madre? ¿Fantasías erótico-sádicas? ¿Una llamada de auxilio? Se podría pensar en una especie de impulso perverso que proviene de las profundidades de la historia familiar porque, aparte del ambiente creado por la pareja de sus padres, Mathias no ha sufrido violencia sexual. Sus impulsos arrancan sin duda de una mezcla de todo esto, también con una parte de decisión personal.

De hecho, las investigaciones más recientes[3] sobre lo que pone en acción a los depredadores sexuales muestran que su acto es el resultado de una larga preparación: si no es reorientado, el futuro agresor evolucionará de la mentira a la delincuencia, de la delincuencia a la agresión sexual y, como cualquier depredador, atacará a las víctimas más débiles que él. Sin embargo, el ejemplo de Michèle nos muestra que, en circunstancias similares, otras opciones de vida son posibles.

EL PATITO FEO[4]

Un padre alcohólico, una madre que, después del divorcio, recibía a su amante y se prostituía echando a sus hijos de casa o haciendo

---

3. Joulain Stéphane, *Combattre l'abus sexuel des enfants. Qui abuse? Pourquoi? Comment soigner?*, París, Desclée De Brouwer, 2018.
4. *El patito feo* es un cuento de Andersen: gris y feo en una nidada de patitos amarillos, este patito resulta ser un cisne.

«mamadas» en la cocina a la vista de todos, un hermano mayor que la «tocaba» habitualmente cuando tenía 6 años… Michèle (60 años) ha superado la vergüenza y el miedo a mi mirada para decirme que lo peor de todo, para ella, fue el día en que, a los 10 años, había hecho «gestos inapropiados» a una niña de 6 años. Nunca se lo ha perdonado. Está temblando sollozando, expresa vergüenza y dolor. Dice que, para ella, este acto es mucho peor que haber sido violada.

Le recordé el mundo en el que vivía, lo que ella sufría, los modelos que le ofrecían sus padres y su hermano, y el hecho de que había estado tan horrorizada por este gesto impulsivo que nunca más había vuelto a hacerlo. Este cambio de perspectiva la ha desestabilizado. Luego me dijo que como maestra y madre de familia, siempre había tenido cuidado de proteger a los niños los unos de los otros y de ellos mismos. Pero esto no la consuela.

Le propuse la hermosa práctica del Ho'Oponopono[5] cuyas palabras clave ha adaptado espontáneamente («Lo siento. Perdóname. Gracias. Te quiero») a la situación tal y como la vivió y en favor de esa niña, sin duda, hoy en día abuela. Formularlo para ella misma fue mucho más difícil. Al final de nuestro encuentro, se dio cuenta de que la niña a la que agredió era también ella misma, y que ella acumulaba la vergüenza de la niña agresora y la de la niña agredida.

Sin embargo, los «gestos inapropiados» que había tenido le volvían a su memoria a menudo; y se lo reprochaba, seguía siendo el verdugo de ella misma, dando vueltas a la vergüenza de un acto del que se culpaba y minimizando aquel del que había sido víctima. «Una víctima siempre se siente culpable», afirma Hélène Romano, psicoterapeuta especializada en el tratamiento de los «heridos psíquicos».[6]

Recientemente, Michèle fue invitada a una fiesta familiar y el azar la colocó delante de ese hermano.

—Me sentí muy incómoda –me dijo–, es la primera vez que me pasa esto con él. Fingí que no pasaba nada, pero la noche siguiente

---

5. Ho'Oponopono es una práctica de reconciliación de las islas del Pacífico (Hawái). Se basa en el hecho de pedir perdón, en realidad o en intención, por el sufrimiento que uno ha infligido, incluso involuntariamente o sin saberlo.

6. Hélène Romano, *L'Enfant face au traumatisme*, Dunod, 2013. Su página web: helene-romano.fr

estaba muy agitada, me dijo mi compañero. Le contesté que sabía por qué sin darle más explicaciones.

Ella continúa hablando:

—Hasta entonces, pensaba que era yo la que había hecho algo, no sé el qué, para incitar a mi hermano a que me hiciera esos tocamientos. Esa noche, me defendí, de hecho entendí que estaba luchando contra él, supe que nunca quise que hiciera lo que me estaba haciendo. Y el dolor en el cerebro ha desaparecido. Tras un instante de silencio, añade:

—Pero aun así, ¡podría haberme defendido!

Le pregunto:

—¿A los 6 años? ¿Cuando él tenía 15?

Ella suspira.

Las víctimas de la violencia viven con la angustia de lo que se les ha hecho y se culpan aún más de haberla provocado, tanto más cuanto el entorno familiar y social se lo sugiere. Las personas que han escapado de un atentado o de una masacre a menudo suelen añadir a su estrés postraumático un momento de estupefacción y de autoculpabilización:

—¿Por qué yo he escapado y él o ella no? No le he ayudado ni a él ni a ella…

Éste es el «síndrome del superviviente».

La violencia colectiva sufrida por grupos sociales se borra difícilmente. Guerras, Holocausto, ejecuciones, atentados, pocas familias en Francia han escapado a los estragos de la Primera y más tarde la Segunda Guerra Mundial, la guerra de Indochina, la guerra de Argelia y de esas guerras religiosas o de independencia regionales. La persecución experimentada por la víctima se transmite a sus descendientes bajo otras formas y afecta a su vida.

La posmemoria, una memoria que te persigue

«A menudo –escribe Robert Badinter–,[7] me he preguntado: ¿qué pensaba él cuando, en marzo de 1943, subió al tren que lo conduciría al campo de exterminio de Sobibor en Polonia? «Él» es su padre, Samuel

---

7. Robert Badinter, Idiss, Fayard, 2018.

Badinter, que había huido a Francia, República de los Derechos Humanos, para escapar de los pogromos de Besarabia. Desposeído de la empresa que había creado a causa de los decretos antijudíos de 1941, fue arrestado en febrero de 1943 antes de ser deportado. Tenía 48 años y no regresó.

El genocidio es una violencia particular. Tanto si hablan como si callan, los sobrevivientes marcan a sus hijos con su dolor, sobre todo porque la parte de la familia que sobrevive está moldeada con el mismo dolor, que se reactiva cada vez que sus miembros se reencuentran, lo hemos visto con Sarah.

Pensar en la persecución es aún más aterrador porque proviene de la voluntad deliberada de un grupo de seres humanos decididos a negar a otros seres humanos su derecho a vivir como cultura, «raza» o etnia particular. Para quienes lo han vivido, el alivio del dolor es tanto más difícil cuanto la pérdida violenta de uno o muchos de sus familiares y miembros de la comunidad se ve agravada por la desaparición en un cataclismo de horror de todo su entorno social y cultural: sus lugares de vida y de culto, sus tradiciones, los soportes materiales de su memoria tanto personal como colectiva, todo lo que podría haberles devuelto una continuidad de vida y un entorno seguro después de las persecuciones. Los sobrevivientes, además, deben enfrentarse al hecho de que la desaparición de sus familiares se produjo de una manera monstruosa. Los descendientes se enfrentan a este horror siempre presente. El Holocausto, un genocidio industrializado, es un ejemplo terrible.

Este interrogante sobre lo vivido y los sentimientos de los deportados no sólo atormenta a los familiares de los que han sido exterminados, sino también a sus descendientes que no conocieron ni el Holocausto ni a los desaparecidos: es la posmemoria.

Hija de padres que quedaron huérfanos por la muerte de sus padres durante la deportación, Marianne Hirsch[8] creó este concepto cuando se dio cuenta de que ella misma vivía esta memoria particular. La posmemoria es una persecución insidiosa que continúa mucho después de que la persecución en sí misma haya llegado a su fin, como demues-

---

8. *Posmemoria,* entrevista publicada por el CIREMM (Centro Internacional de Investigación y Enseñanza sobre Asesinatos en Masa).

tran los numerosos testimonios de hijos y nietos de sobrevivientes del Holocausto.

«La noción de posmemoria designa la relación que la generación posterior tiene con el traumatismo personal, colectivo y cultural sufrido por aquellos que les han precedido, con experiencias que solo "recuerda" a través de las historias, imágenes y comportamientos con los que creció.

Pero estas experiencias han sido transmitidas tan profundamente y con tanta emoción que parecen constituir una memoria por derecho propio», escribe la autora. En situaciones particulares, la memoria a veces, puede transformar a los perseguidos en perseguidores. La historia actual muestra numerosos ejemplos colectivos o individuales como el de Léonard Al Andaloussi, un conocido yihadista.

EN OTRO LUGAR, UN FUTURO MEJOR

Léonard Al Andaloussi se encuentra actualmente[9] en prisión, en Siria, mientras su esposa e hijos están internados en el campamento de Roj. Allan Kaval,[10] periodista de *Le Monde,* ha conocido a sus padres, Marc y Suzanne López. Éstos comprueban que sus nietos están pasando por lo que ellos, sus padres o sus abuelos, vivieron: bombardeos, la vida en ciudades devastadas, luego en los campamentos, el hambre, el miedo, una repetición de sufrimiento y violencia generación tras generación.

La genealogía de Léonard López refleja un siglo de historia europea: generaciones de hombres y mujeres forzados a exiliarse por la miseria, la guerra, los pogromos y reencontrando la guerra y el Holocausto en su país de asilo (Francia). Del lado paterno: un abuelo de origen español emigrado a Argelia que, «en contacto con un republicano español», se convirtió del catolicismo al protestantismo. Partisano de «la Argelia argelina», está lo suficientemente seguro en Argelia como para quedarse durante la guerra e incluso después.

---

9. En 2019.
10. *Le Monde,* 1 de abril de 2019.

EN OTRO LUGAR, UN FUTURO MEJOR

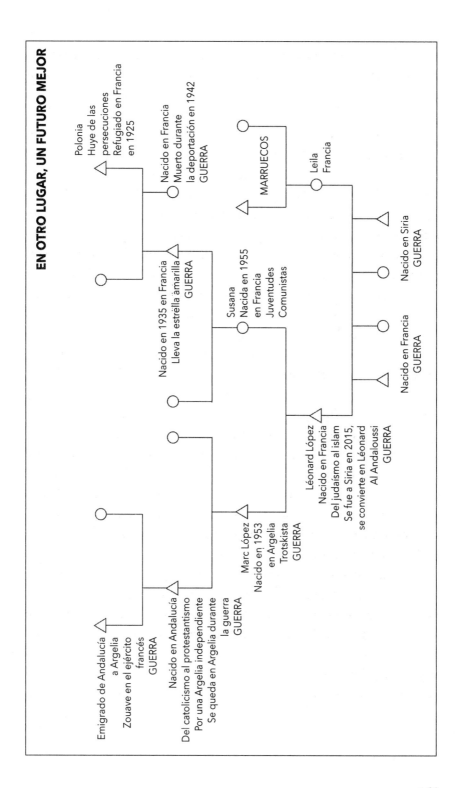

Polonia
Huye de las
persecuciones
Refugiado en Francia
en 1925

Nacido en Francia
Muerto durante
la deportación en 1942
GUERRA

MARRUECOS

Leila
Francia

Nacido en 1935 en Francia
Lleva la estrella amarilla
GUERRA

Susana
Nacida en 1955
en Francia
Juventudes
Comunistas

Nacido en Siria
GUERRA

Nacido en Francia
GUERRA

Emigrado de Andalucía
a Argelia
Zouave en el ejército
francés
GUERRA

Nacido en Andalucía
Del catolicismo al protestantismo
Por una Argelia independiente
Se queda en Argelia durante
la guerra
GUERRA

Marc López
Nacido en 1953
en Argelia
Trotskista
GUERRA

Léonard López
Nacido en Francia
Del judaísmo al islam
Se fue a Siria en 2015,
se convierte en Léonard
Al Andaloussi
GUERRA

Del lado materno: un abuelo judío de origen polaco, cuya hermana murió en un campo de concentración. Los padres de Léonard se conocieron cuando uno era trotskista y el otro miembro de las Juventudes Comunistas… Sus familias y su unión se impregnan de la diversidad y la fuerza de compromisos políticos y religiosos. Léonard se compromete con la misma determinación. Su lealtad vacila entre su linaje materno y su linaje paterno, como si tuviera que elegir, y después de virar al judaísmo ortodoxo, elige el islam y la yihad.

En la complejidad del dolor familiar y el desarraigo, con un abuelo judío que escapó de la persecución y un abuelo de origen español, pero «argelino de corazón», Léonard López vuelve a sus raíces, una Andalucía mítica con la que se identifica a la vez que transformando la Argelia de su abuelo en el Islam: se convierte en Léonard Al Andaloussi. Ser un combatiente de la yihad evita, sin duda, ser un judío perseguido. Desde el exilio de Polonia por un lado y Andalucía por otro, varias generaciones han sufrido guerras, bombardeos, persecuciones, huidas, campos de concentración o de refugiados. Léonard se lanza a ello por su propia voluntad y se lleva a su familia.

La miseria del pasado, la emigración y los campos de concentración, sin embargo, no son suficientes para explicar tal elección. Por ejemplo, Cédric Herrou, un «criador de pollos», como él mismo se hace llamar, y un activista humanitario casi a su pesar, habla con emoción sobre su vida en el llamado barrio «desfavorecido» de su infancia y sobre el apoyo de su familia, a pesar de ser un estudiante bastante normal. Su labor de acogida y apoyo a inmigrantes que llegan de Italia a pie a través de los Alpes, por la que ha sido procesado varias veces, es en parte el origen del reconocimiento del principio de fraternidad.[11] Escribe: «Elegí la acogida en memoria de mi bisabuela italiana, que perdió a su bebé al cruzar clandestinamente los Alpes, en memoria de mi abuela alemana que fue detenida por la Gestapo.[12]

---

11. En su decisión del 6 de julio de 2018, el Consejo Constitucional reconoció «la libertad de ayudar a los demás, con fines humanitarios, independientemente de la regularidad de su estancia en el territorio nacional» cuando se realice sin contrapartida.

12. Cédric Herrou, *Change ton monde*, Les liens qui libèrent, 2020.

En *La Fabrique de la radicalité*,[13] los sociólogos Laurent Bonelli y Fabien Carrié aportan elementos que nos permiten comprender estas diferencias de itinerarios. Habiendo tenido acceso a los expedientes (convertidos en anónimos) de 133 jóvenes menores de edad «radicalizados» vigilados por la PJJ (Protección Judicial de la Juventud), los sociólogos estudiaron las situaciones y los acontecimientos sociales que contribuyeron a su radicalización. Su análisis estadístico se complementa con un análisis cualitativo de las entrevistas realizadas por profesionales a estos jóvenes o a sus familias.

Estos jóvenes, confirman, proceden en su mayoría de familias inmigrantes bien integradas y apenas practicantes. ¿Cómo explicar lo que parece una paradoja? Estas familias tienen en común que quieren preparar un futuro social y profesional a sus hijos, apoyándose en dos bases: su propia integración y el éxito escolar de sus hijos. Esto se traduce concretamente en la ruptura con su país de origen y en un distanciamiento de su comunidad cultural en Francia. El éxito escolar de los hijos está materialmente asegurado; los padres controlan el trabajo escolar… y las amistades de sus hijos, incluso si eso significa aislarlos de sus compañeros de clase y de barrio.

Estos niños son en general buenos o muy buenos estudiantes hasta que llegan a la escuela secundaria. Pero la llegada al instituto, donde las exigencias culturales son diferentes y los prejuicios hacia ellos suelen ser negativos, refuerza su aislamiento y desestabiliza a estos niños cuyos resultados escolares caen con bastante rapidez. Decepcionan a sus padres, al mismo tiempo que pierden la confianza en sí mismos. La esperanza de alcanzar un estatus social a la altura de sus expectativas y las de sus padres desaparece y deben aceptar esta descalificación.

El interés por una religión que dé sentido a sus vidas y a su exclusión, y que les permita establecer vínculos sociales, puede conducirlos a una lectura rigurosa del Corán.

El acercamiento a la yihad les permite escapar de las restricciones y exigencias familiares al mismo tiempo que de una sociedad que parece que no los quiere.

---

13. Laurent Bonelli, Fabien Carrie, *La Fabrique de la radicalité. Une sociologie des jeunes djihadistes français,* Seuil, 2018.

Estoy resumiendo aquí un estudio muy detallado y bien documentado, que pone de relieve los efectos de una ruptura cultural y social que priva a los niños de una memoria de sus orígenes al mismo tiempo que se enfrentan a una sociedad que, de hecho, impide su integración.

Obviamente, no todos los que viven esta experiencia se convierten en yihadistas, pero estadísticamente, aquellos que se unen a la yihad comparten esta experiencia. Sin duda, tienen peculiaridades familiares y personales que les llevan a tomar esa decisión.

Léonard Al Andaloussi y Cédric Herrou nos muestran que la lealtad puede adoptar formas inesperadas y completamente diferentes. Pero ¿cómo se arraiga en nosotros? ¿Cómo nos dejamos atrapar en sus redes? Hemos visto que se construye en un tejido de intercambios y de expectativas intrafamiliares. Vamos a ver que se difunde por intermediación de una comunicación invisible.

El mundo es infinitamente más rico que el que nosotros percibimos, porque nuestros sentidos funcionan como filtros y son obviamente específicos de la especie humana. El mundo de los animales es muy diferente al nuestro. El murciélago, por ejemplo, que es un mamífero como nosotros, vive la noche, vuela, se sitúa en el espacio y localiza a sus presas por ecolocalización, es decir, escuchando el eco de los sonidos que emite. Pero nosotros no somos capaces de oír los sonidos emitidos por los murciélagos. El águila puede ver hasta un kilómetro de distancia y su campo de visión es de 240°, casi el doble que el nuestro. Un perro tiene doscientos millones células olfativas, mientras que nosotros tenemos cinco millones. Además, la cultura a la que pertenecemos nos ayuda a desarrollar ciertos sentidos en detrimento de otros; nosotros distinguimos en nuestro entorno lo que nos es útil y lo que nos enseña a distinguir, por ejemplo, las formas y cualidades de la nieve para los inuit o los habitantes de las montañas. Los marineros tienen una habilidad meteorológica que no tienen los de tierra adentro. Una inmensa parte del mundo se nos escapa porque no tenemos o no hemos desarrollado las herramientas que nos permiten percibirla o porque nuestra educación las inhibe.[14]

---

14. Muchas personas creen que lo que no se ve no existe.

Generalmente pensamos, y ésa es nuestra experiencia inmediata, que el límite de nuestro cuerpo es nuestra piel. De hecho, el alcance de nuestros órganos sensoriales, ya sea que recibamos o que emitamos miradas, sonidos u olores, sobrepasa nuestros límites corporales.

Los estímulos emitidos por nuestro entorno se transforman en señales eléctricas que corren de neuronas a neuronas y se convierten en ese milagro que son los pensamientos y las emociones. Inversamente, sentimientos, pensamientos y emociones actúan sobre nuestro metabolismo y se expresan en y por nuestro cuerpo: sonreímos de alegría, el corazón late de placer o de miedo, tenemos sudores fríos, no tenemos energía; incluso el miedo o el cansancio destilan olores particulares, enviando señales que pueden ser percibidas por otros, nos guste o no.

Una «misma longitud de onda»: La sincronización de la actividad cerebral

Cuando hablamos, cuando jugamos, ignoramos completamente que emitimos y recibimos ondas cerebrales y que una comunicación invisible se apoya en la capacidad del cerebro para «ponerse en la misma longitud de onda» que la de nuestro interlocutor. Esta expresión popular traduce una realidad que varios equipos de investigadores han puesto de relieve. Se interesaron por lo que ocurre entre dos personas que se comunican, considerando a esa pareja de interlocutores como una unidad. Crearon situaciones experimentales para observar la posible sincronización cerebral de sus sujetos.

El equipo de Jon A. Duñabeitia[15] estudió dúos de personas que no se conocían y tenían que intercambiar banalidades. El equipo de Greg Stephens[16] hizo escuchar al uno una historia contada por el otro. Estos investigadores observaron una sincronización de la actividad cerebral de la pareja que cesaba cuando terminaba el intercambio o el relato.

---

15. Centro Vasco de Cognición, Cerebro y Lenguaje.
16. Universidad de Princeton.

El equipo de Vanessa Greindl[17] hizo que padre e hijo jugaran juntos de forma cooperativa y observaron una sincronización de su actividad cerebral. Ésta cesaba cuando el juego ponía a padre e hijo en competencia el uno con el otro; la competencia provoca la ruptura de la armonía.

Una hipercomunicación en situación de estrés intenso o continuo

Los experimentos de sincronización realizados en el laboratorio se refieren a seres humanos y, por lo tanto, evitan estresarlos, *a fortiori* traumatizarlos. En este caso, el experimento muestra una sincronización que ocurre positivamente. Pero en la vida cotidiana, en situaciones de estrés intenso, a veces sucede que las capacidades mentales se multiplican y que la percepción se expande hasta el punto de provocar la comunicación mental con el otro, a veces incluso una presciencia, que es difícil de creer pero que el estupor mismo de los que la han vivido lo corrobora.

Una amiga mía, que resultó ilesa de un accidente que destrozó completamente su coche, me habló de su inmensa sorpresa al haber tenido la impresión de que se comunicaba «directamente con el autor del accidente, como si [ella] le hablara». El profesor Devroede testifica que evitó por poco un accidente al quedarse dormido al volante. Profundamente dormida a su lado, su esposa le dijo de repente: «Cariño, vamos a tener un accidente».[18] Ella siguió durmiendo, pero él se despertó a tiempo.

Estas captaciones de pensamiento pueden ser el origen de miedos y trastornos somáticos.

Damien, por ejemplo, «oyó» el grito mudo de su madre y, de cierta manera, se lo apropió hasta el punto de vivirlo.

---

17. Hospital Universitario de Aquisgrán.
18. Anne Ancelin Schützenberger y Ghislain Devroede, *Ces enfants malades de leurs parents,* Payot, 2005. El profesor Devroede y su esposa son belgas.

Recibo a Damien y a Évelyne, su madre, juntos, les urge mucho: después de desmayarse durante una clase de ciencias naturales en la que los estudiantes diseccionaban corazones de pollo, Damien se había quedado muy agitado y tenía miedo de dormirse, por temor a no despertarse. Mientras que me explica lo que le había ocurrido, su pierna tiembla nerviosamente, sus manos se retuercen y hace muecas.

Reviso las operaciones a las que podría haberse sometido: ninguna, a pesar de que ha estado hospitalizado varias veces. ¿Évelyne? Tampoco. Me sorprende y recuerdo una operación benigna a la que ella se había sometido y con respecto a la cual Damien había manifestado mucha angustia. «¡Ay!, sí, es verdad…», dice y está muy sorprendido de que hable de esa angustia, que él había olvidado.

Estamos un rato atascados y, de repente, Évelyne recuerda:

—¡Hace dos años! Me operaron, salió bien, pero después tuve una hemorragia, me llevaron a urgencias para operarme de nuevo justo cuando llegó Damien. Sólo tuve tiempo de besarle…

Évelyne estalla en sollozos:

—Le besé pensando que quizás fuera la última vez, que quizás no me despertaría. Y la semana pasada invitamos a ese cirujano a cenar, se sorprende, era el único momento que pudimos encontrar… Y nos dimos cuenta de que habían pasado exactamente dos años, de fecha a fecha, que me habían operado.

Damien deja escapar un gran suspiro y estira las piernas.

«Tal vez no me despierte». Damien grabó el pensamiento y el miedo de su madre como si la violencia de esa situación de despedida repentina debido a una urgencia médica hubiera provocado algún tipo de captación telepática. Dos años más tarde, en un «aniversario significativo», se desmaya en el momento en que se supone que él mismo debe operar (un corazón de pollo), y luego actúa en base a las mismas palabras que su madre no dijo: no se duerme, porque tiene miedo de no despertarse.

El contenido tácito en una situación de estrés es tan poderoso que el interlocutor lo oye. Pero al no ser capaz de localizar el origen de lo que «oye», él «actúa» y finalmente lo somatiza como Damien. Este mismo fenómeno puede producirse varias generaciones más tarde.

Somatizaciones transgeneracionales

«Está claro que si un médico le pregunta a su paciente lo que le pasó a su abuelo, va a parecer una locura. Y sin embargo...», escribe Ghislain Devroede.

Y sin embargo... En efecto, algunas enfermedades, pero obviamente no todas, pueden tener una dimensión transgeneracional. Podemos estar enfermos por la violencia sufrida por nuestros padres o nuestros abuelos, violencia de la que nunca nos hablaron.

Ya hemos conocido a Irène, cuyas crisis de taquicardia empezaron a los 44 años, al igual que las de su madre, mientras que en 1944 su abuela tuvo que afrontar el hecho de estar embarazada de un alemán que desapareció en la agitación de la Liberación. Con Sandrine, hemos aprendido que es necesario hacer ejercicio y comer adecuadamente aunque esto no evita los ataques de ansiedad ni las migrañas. Un día cuando estaba hablando con su madre ésta me confió que estaba muy enfadada con su propia madre (la abuela de Sandrine) y que estas rabietas eran «como coágulos de sangre que salen de [su] cabeza». Su madre murió de un derrame cerebral... Sandrine ha heredado migrañas y angustias.

Louise nos da el ejemplo de un tumor derivado de un trauma de su abuela: como Damien, ella somatiza un pensamiento que le vino a la mente en un momento de miedo intenso.

TÚ MUERES - TUMOR[19]

En 2017, Louise acaba de ser operada de un tumor benigno. «Cuarenta años después –me dice–, no lo entiendo». Y esto es lo que me cuenta: «Me operaron en 1977, a los 27 años, de un tumor benigno pero devastador del que me costó mucho recuperarme. Había interpretado

---

19. Como sabemos por Freud, al inconsciente le encantan los juegos de palabras. En francés *Tu meurs – tumeur* (Tú mueres – tumor) tiene una pronunciación muy similar.

ese tumor como el resultado de mi violento conflicto con mi padre. Nuestra relación era tan conflictiva que me amenazaba regularmente: "¡Recuerda el jarrón de Soissons! Recuerda la cazuela de barro y la olla de hierro". Yo no comprendía estas imprecaciones, que entendía como amenazas de muerte, y me afectó mucho. Me destrozó. Mi tumor (*tumeur*) es 'tú mueres' (*tu meurs*) porque implosioné». Continúa: «Mucho más tarde, mi madre me contó[20] que la concepción de mi padre había sido particularmente dramática: durante la noche de bodas, que fue la única noche compartida por el matrimonio, mi abuelo paterno, gran gaseado[21] de la Primera Guerra Mundial, tuvo tal ataque de asfixia que mi abuela pensó que iba a morir de su abrazo. Pensó: «¿¡Tú mueres!?».

Louise continúa: «Es como si mi padre hubiera oído ese grito silencioso de su madre en el momento de su concepción. Cuando me di cuenta de que él repetía lo que había oído sin oírlo, evidentemente, instándome a recordarlo porque él lo llevaba en su memoria, comprendí que sus palabras en realidad no iban dirigidas contra mí y eso me ha liberado de mi pena».

Ella continúa: «Mi abuelo tenía 27 años cuando mi padre nació, mi padre tenía 27 años cuando yo nací, y yo tenía 27 años cuando apareció mi tumor». Y, tras un silencio, añade: «Pero ¿por qué este toque de atención 40 años después?».

Unos días más tarde, Louise me llamó para hablarme de «40». Se había dado cuenta de que el año 1940 había sido especialmente difícil para su abuela que, nacida en 1900, tenía entonces 40 años (40 resonaba un poco de la misma manera que 44 para Irène). Irène no hacía la conexión entre sus crisis de taquicardia a los 44 años y el miedo de su abuela en 1944, como Béatrice no la hace entre el duelo de su madre y su incapacidad para ser feliz. La no conciencia de esos vínculos les lleva a repetirlos. Esto es lo que ocurre también con el secreto de familia.

---

20. Este tipo de información se transmite de forma confidencial de mujer a mujer y, sin duda, permanece ignorada por el primer interesado.
21. «Gran gaseado» era una categoría particular de inválidos de guerra: se refería a los hombres que, víctimas de los gases asfixiantes utilizados por los alemanes a partir de 1915, tenían sus pulmones quemados irreversiblemente.

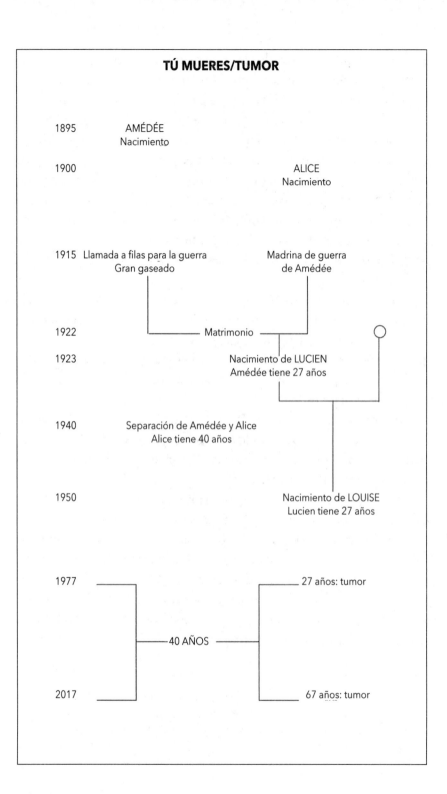

TÚ MUERES/TUMOR

1895   AMÉDÉE
                  Nacimiento

1900   ALICE
                                 Nacimiento

1915 Llamada a filas para la guerra   Madrina de guerra
               Gran gaseado   de Amédée

1922   Matrimonio

1923   Nacimiento de LUCIEN
                      Amédée tiene 27 años

1940   Separación de Amédée y Alice
                Alice tiene 40 años

1950   Nacimiento de LOUISE
                      Lucien tiene 27 años

1977   27 años: tumor

                    40 AÑOS

2017   67 años: tumor

El secreto de familia

Abandonar mujer e hijos, «quedarse embarazada» para una joven soltera, sufrir de una enfermedad «vergonzosa» o ser internado en un centro psiquiátrico son situaciones en las que no sólo el sistema familiar se ve perturbado internamente, sino también con respecto al exterior, porque el estatus social de la familia puede verse cuestionado. La familia se esfuerza por encontrar soluciones de retorno a la calma. Nadie sabe cómo hacerlo y nadie puede. Lo más fácil a corto plazo es callarse y los miembros más influyentes de la familia imponen el silencio: se oculta el problema tanto a los familiares como a los de fuera. Se construyen fronteras cada vez más herméticas con el mundo exterior, se miente. Esto conduce a una reconstrucción ficticia de su vida y la de sus seres queridos. Algunos cambian de nombre, crean un escenario (una galería de cuadros de antepasados), inventan historias (el complejo de Edipo, por ejemplo). Otros intentan, vistiéndolos o peinándolos de la misma manera, mostrar un parecido entre sus hijos cuando obviamente no existe, otros rompen con sus amigos y su familia.[22]

Todos callan, en una confusión que combina el miedo ante la situación y la necesidad de huir de ella, el miedo al juicio social, el miedo a ser separado de su familia, el miedo a las amenazas, la lealtad, la dificultad para escapar de la manipulación. La ausencia de intercambio verbal con los demás es también un silencio interior, cada uno calla sus emociones y las reprime. Este acuerdo sobre un silencio colectivo conduce al «pacto de negación», esas alianzas inconscientes que unen a los que saben y aíslan a las víctimas.

Sin embargo, los niños saben sin saber que saben ni lo que saben, y están aún más perturbados porque sus padres se empeñan en decirles que se equivocan y quizás incluso que están locos. Pero al igual que nuestro inconsciente personal se expresa por lapsus y actos fallidos, el secreto familiar habla a su manera.

---

22. Barbara Couvert, *Au coeur du secret de famille, op. cit.*

El «telescopaje de generaciones»

Haydée Faimberg recibía en psicoanálisis a un paciente que, un día, ya no pudo pagarle. Me dijo que no tenía dinero en Reichsmark, nombrando así una moneda que ya no estaba en circulación. Había sido utilizada por sus padres para ayudar a su familia que se quedó en Polonia durante la guerra, pero ese dinero nunca le llegó, permaneció «bloqueado» porque la familia fue exterminada. Sus padres nunca lo habían mencionado. Haydée Faimberg ha llamado «telescopaje de generaciones» a este resurgimiento de un pasado familiar desconocido que irrumpe en el presente de la sesión psicoanalítica, reservándole ese término. Sin embargo, el pasado familiar secreto también se expresa y se impone en la vida cotidiana de las familias, como vamos a ver.

LA HIJA DEL DIABLO

Entre los testimonios que conocí cuando trabajaba sobre el secreto familiar, he hablado mucho con una joven apasionada por Australia donde quería irse a vivir. En el instituto, había logrado aprender italiano, a pesar de la oposición de sus padres. Criada en una familia de católicos muy practicantes, de la que se sentía rechazada, se creía la «hija del diablo». Entonces un día, cansada de conflictos e interrogaciones, su madre le confesó que no era «la hija de su padre», sino la hija de un hombre italiano al que amó apasionadamente antes de que se fuera a Australia.

Maltratada por sus padres, había interpretado su rechazo conectándose a su red de pensamiento: su comportamiento con respecto a ella, tan diferente al que tenían con sus otros hijos, sólo podía provenir de su origen, no era de la familia. No se equivocaba, y en una familia tan católica, no podía ser más que la hija del diablo.

En *La otra hija*,[23] Annie Ernaux cuenta lo que ha sido para ella descubrir que había tenido una hermana muerta antes de su nacimiento. Ella da fe de este conocimiento: «De niña –escribe– siempre creí ser

---

23. Annie Ernaux, *La otra hija*, KRK Ediciones, 2014.

el doble de otro que vivía en otro lugar». Más adelante añade: «Los padres de un niño muerto no saben lo que su dolor le hace al vivo». En *Un secreto*,[24] Philippe Grimbert relata que de niño vivía con un hermano imaginario… hasta que un primo le reveló los dramas que sus padres se callaron, y al dar una vida y una muerte reales a ese hermano, probablemente le permitió escapar de la locura.

Es como si los autores del secreto describieran el secreto en hueco, dibujando el relieve a fuerza de rodearlo, lo nombraran a fuerza de callarlo, y finalmente lo impusieran mentalmente a un niño que lo habla. Ya hemos visto que Mireille hacía escuchar a su madre «Fils d'assassin» («Hijo de asesino»).

Los autores del secreto familiar deben velar permanentemente para que no se les escape. Todos sus pensamientos, sus palabras, sus acciones se ven interrumpidas por esta preocupación. Pero su lucha contra las sombras y los fantasmas es en vano: éstos se imponen a sí mismos y los imponen a sus hijos. Porque si se piensa: «Sobre todo no hablo de este italiano que yo o que ella ha amado» y que, por lo tanto, todo lo que tiene que ver con ese momento de vida y con Italia se elimina, Italia se convierte en un «agujero negro»[25] que atrae a la joven sobre quien pesa el secreto sin que ella misma sepa de qué se trata. Entonces ella dice: «Quiero aprender italiano». En lo que concierne a Mireille, si sus padres no hablan del abuelo ni de la cárcel, pero piensan en ello obsesivamente. Ella lo «oye» y le dice a su madre: «Escucha esta canción, «Fils d'assassin» y «C'est beau, la Conciergerie».

En estos ejemplos, el secreto «hablaba», aunque aquellos que lo expresaron no entendían el sentido. Más profundamente aún, cuando las palabras de duelo o trauma no han podido ser dichas u oídas, lo no dicho puede llegar al cuerpo incluso de los descendientes que no habían nacido en el momento del drama. Sus cuerpos se convierten tanto en receptáculo como en expresión del trauma.

Es difícil admitir que se pueda oír algo que no se dice. ¿Cómo podemos captar el sentido? ¿Telepatía? ¿Comunicación de inconsciente a

---

24. Philippe Grimbert, *Un secreto*, Tusquets, 2005.
25. En astronomía, un «agujero negro» es un cuerpo celeste tan denso que atrae todo lo que está a su alcance, incluyendo la luz.

inconsciente? Tal vez, sin embargo, los recientes descubrimientos científicos arrojan luz sobre esta transmisión invisible: estos fenómenos se basan en las particularidades de nuestra fisiología y, especialmente, en las neuronas espejo.

Las neuronas espejo

FATOUMATA HACE LAS COMPRAS...

En los suburbios de París, en una ocasión dirigí un curso de inserción para mujeres excluidas del empleo, entre las que se encontraba un grupo de mujeres senegalesas. Entre ellas estaba Fatoumata, que era analfabeta a diferencia de las otras asistentes al curso. Sin embargo, Fatoumata era la persona que la comunidad senegalesa delegaba para «hacer las compras"», es decir, comprar en Europa al mejor precio lo que no se podía encontrar en Creil. Esto llevaba tiempo porque Fatoumata dejaba Creil para una vuelta que la llevaba a Inglaterra, Bélgica, los Países Bajos, y luego Alemania. En esa época, en 1988, cada país europeo tenía su propia moneda. Fatoumata se marchaba sola, obviamente sin lista, y convertía las monedas. Nunca se equivocó, me aseguraron las otras mujeres del grupo. Cuando le pregunté cómo lo hacía: «yo sé», me respondió. Sí, pero ¿cómo lo había aprendido? «Observando a mi madre», dijo. ¡Observando a su madre! No todo el mundo puede hacerlo. La creí. Y me pregunté durante mucho tiempo cómo era posible, mientras me decía a mí misma que nuestra educación nos priva de muchas facultades.

El descubrimiento de las neuronas espejo se remonta a 1996. Estudiando el comportamiento de los macacos, Giacomo Rizzolatti (neurólogo de la Universidad de Parma) se dio cuenta de que cuando un macaco observa lo que hace otro macaco, por ejemplo, coger un plátano con la intención de comérselo, las neuronas correspondientes a la acción «coger el plátano y comerlo» se activan en el macaco observador, aunque permanezca inmóvil.

Todos los mamíferos, y probablemente también las aves, están equipados con estas extraordinarias neuronas que se activan independientemente del órgano sensorial utilizado, y que tienen, sobre todo, la particularidad de activarse sólo si existe una comprensión previa del significado de la acción en curso, si la intención de la acción es comprendida por el que observa. Estas neuronas permiten «captar la dinámica intencional de una acción»,[26] de cualquier acción, ¡incluidas las expresiones faciales! Si el gesto o el movimiento no tienen una finalidad comprensible, las neuronas espejo permanecen en reposo.

En otras palabras, entendemos interiormente, intuitivamente y corporalmente el sentido de una acción, el sentido de un gesto sin necesidad de palabras. Esto explica en parte por qué la contradicción entre las palabras expresadas y los sentimientos subyacentes es tan perturbadora, sobre todo cuando emana de aquellos que más nos importan.

Para reconocer la intención que guía un gesto o una mímica, las neuronas espejo se apoyan en una especie de catálogo pregrabado que se adquiere mediante el aprendizaje, un aprendizaje muy temprano porque los bebés parecen ser capaces de interpretar las intenciones. Este catálogo contiene tanto gestos, acciones (coger una manzana para comerla, sonreír o hacer una mueca de disgusto) como sensaciones (asco, dolor). Están en el origen de nuestra comprensión de lo que siente la otra persona.

La sincronización de las ondas cerebrales y las neuronas espejo es la base de una forma de telepatía (y probablemente ignoremos otras formas). Cada uno de estos vectores de transmisión de la memoria del trauma actúa, ninguno es determinante. Pueden reforzarse mutuamente o, por el contrario, contraponerse, lo que hace posible la resiliencia personal y una reparación familiar a veces espontánea. Muchos de los testimonios que acabo de relatar son bastante dramáticos porque me los contaron en el curso de entrevistas psicoterapéuticas. Y es más bien a lo largo de intercambios amistosos e informales que uno descubre que la reparación y la resiliencia transgeneracionales son posibles espontáneamente.

---

26. Giacomo Rizzolati, Corrado Sinigaglia, *Las neuronas espejo*, Paidós, 2006.

REPARACIÓN Y RESILIENCIA

Algunas personas encuentran en sí mismas recursos que les permiten sobrevivir a situaciones desastrosas. Es la «resiliencia». La familia tiene estas mismas capacidades de reparación que ponen fin a su memoria traumática. Puede apoyarse en la decisión de algunos de sus miembros de rechazar la opresión de un destino aparente, de crear confort afectivo y de encontrar recursos fuera de sí misma.

La resiliencia

Ingresado, a los cinco años, en un internado por sus padres en 1942 para protegerlo de las leyes antisemitas, luego escondido, escapando a una redada en 1944 antes de ser de nuevo escondido hasta la Liberación, convertido ahora en psiquiatra, Boris Cyrulnik está muy bien posicionado para hablar de la resiliencia. La define de la siguiente manera: «Es un proceso biológico, psicoafectivo, social y cultural que permite un nuevo desarrollo después de sufrir un traumatismo psíquico».[1] O sea, un proceso complejo que es tanto más exitoso cuanto el sujeto puede activar simultáneamente sus recursos biológicos y psíquicos y apoyarse en recursos afectivos familiares y amistosos, o en un proyecto de vida que le permite trascender lo que ha vivido. Por ejemplo, hombres y mujeres como Nelson Mandela, Jorge Semprún, Simone Veil o… Monique.

---

1. «¿Por qué la resiliencia? en Boris Cyrulnik y Gérard Jorland (eds.), *Résilience, connaissances de base,* Odile Jacob, 2012.

Su marido asesinado por milicianos, Monique fue encarcelada, golpeada y violada en numerosas ocasiones antes de ser expulsada del Congo con su bebé y llegar a Francia en condiciones rocambolescas. A la espera de que se estudie su expediente de refugiada, se pone en contacto con una asociación cuyo objetivo es acompañar a víctimas de violación. Ella nos cuenta parte de lo que le sucedió. Su angustia y su malestar son tan intensos que son palpables. Huyendo, salvó la vida de su hijo, ahora debe garantizar su seguridad y su futuro. Esto sólo puede ser en Francia porque sabe que si la envían de vuelta al Congo morirá, y su hijo también.

Finalmente, un día, radiante, nos anuncia que la OFPRA[2] le ha concedido el estatuto de refugiada. Me encontré con ella varias veces después, disfrutaba de la paz y de las ayudas que recibía, había empezado a trabajar en una empresa de inserción y se alegraba de ver a su hijo progresar en la escuela. «Sólo» lamentaba no poder dar ni recibir noticias de su familia en el Congo.

Monique tuvo que hacer frente a la violencia de la guerra. Durante su huida, y aún hoy, se ve impulsada por la necesidad imperiosa de garantizar un futuro a su hijo. Emma, por su parte, ha tenido que lidiar con una familia repleta de muertes accidentales y suicidios, una familia de «callados», esta familia Lázaro de la que y a la que, sin embargo, ha decidido hablar.

DUELO POR UN OJO[3]

«Es duro perder un ojo», le dijo el oftalmólogo tras la operación. «No creo que lo pierda, porque es emocional», respondió Emma. Se necesita fuerza de voluntad, valor y un cierto conocimiento para contrarrestar un diagnóstico médico, pero hoy Emma ya no usa ni parche en el ojo ni gafas.

---

2. Oficina Francesa de Protección de los Refugiados y Apátridas.
3. Este título es de Emma, que ha revisado este texto.

A finales de febrero de 2014, Emma me explica que debía irse a principios de marzo, el día 4, para un largo viaje profesional, pero no le apetecía mucho. Era un viaje importante, pero insistió en que realmente no quería hacerlo. La vuelvo a ver un tiempo después, lleva un parche en el ojo. Me sorprendo.

—Al mover un estante, saltó un clavo que me dio en el ojo –me responde–, pero eso no es nada, estoy segura de que si me hubiera ido, habría tenido un accidente y habría muerto.

Le pregunté si había ocurrido algo en su familia a principios de marzo, y me dijo:

—No, nada.

Nos despedimos. Entonces se dio la vuelta y corrió hacia mí:

—Sí, hubo algo, la muerte del hermano pequeño de mi madre, ella tenía cuatro años, siempre dice que lo vio irse en la moto del médico y nunca más lo volvió a ver.

El pequeño muerto en la moto marca profundamente a los hermanos de su madre (ya frágiles por otros dramas) y a sus hijos. Voy a simplificar aquí una parte de la compleja y dolorosa historia de la familia Lázaro. Los hermanos y hermanas de Bernadette, la madre de Emma, tienen siete hijos. Entre ellos, Michel, Jacques, Bernadette, Henri y tres bebés que apenas tienen tiempo de vivir: Marie-Anne (17 de noviembre-21 de diciembre de 1934), Yves (1 de diciembre de 1935-4 de marzo de 1936), y Hubert (nacido el 8 de octubre de 1939, murió el 11 de noviembre).[4]

«En nuestra casa, los nacimientos compensan a los muertos, renacemos, obviamente, cuando te llamas Lázaro: mi hija Marianne nació el 17 de noviembre como la pequeña Marie-Anne y el 4 de marzo concebí a mi hijo».[5] Compensaciones muy necesarias, porque la muerte sigue golpeando duramente a esta familia.

Michel, su tío, tiene cuatro hijos que, a su vez, tienen hijos. Se suicidó ahorcándose a los 55 años, uno de sus nietos (nacido el 6 de febrero) también se ahorca años más tarde un 11 de noviembre. Otro

---

4. Puntualizo estas fechas porque se convertirán en «aniversarios trascendentales-marcadores».
5. Las madres suelen conocer esas fechas.

de sus nietos se mata en moto. Charles (el hijo de Henri) también se mata en moto a los 60 años, «una semana antes del Día de la Madre». Y hay otras muertes súbitas en fechas aniversarios: accidentes, infartos… Emma no recuerda todo, es demasiado.

—¡Todas esas muertes! –suspira, mirando la hoja de papel en la que anotamos esos nombres y esas fechas.

Y sigue diciendo:

—Mi madre, mis tíos, nadie quiere hablar de ello, es normal, es demasiado doloroso y no ven qué sentido tendría. Yo hace mucho tiempo que lo intento, me agoto y me rechazan, así que he renunciado a hablar con ellos.

Emma se dio cuenta de que era indispensable expresar su sufrimiento a alguien que la escuche y la acompañe; indispensable también decir las cosas, al menos a sus hijos, así que habla con ellos. Por otra parte, experimenta con técnicas de desarrollo personal y de bienestar corporal; observa, intercambia, se interroga y se deja interrogar. ¿Cómo iba a saber si no que un accidente es algo más que un accidente?[6] Y, por tanto, ¿cómo evitar que las tragedias se repitan?

«Yo me callo, así que cállate tú, no quiero oírte». En una familia de callados, obviamente se calla, a veces en una gran algarabía: la televisión, la verborrea, las discusiones, los sermones morales o religiosos, o más o menos científicos.

El objetivo (no consciente) es evitar a toda costa los verdaderos intercambios, la palabra libre y, sobre todo, la conciencia, el reconocimiento y la expresión de las emociones. Porque la familia de callados se acurruca en un dolor, una vergüenza, un sufrimiento insoportable. Tal vez desaparecerá si nos callamos, si fingimos. Sonreímos afuera, apretamos los dientes en casa y las palabras pierden su significado. Y si las palabras no tienen sentido, ¿cómo y por qué hablar? Y si no hay palabras, ¿cómo describir lo que siento? ¿Cómo puedo siquiera pensar?

La familia de callados se calla e impone un mortal silencio mental a los suyos. Es contra este mandato de callarse, y los estragos que provoca, que Emma «habla».

---

6. Sigmund Freud, *Psicopatología de la vida cotidiana*, Alianza Editorial, 2011.

Obviamente, nunca sabremos si habría tenido o no un accidente. Pero la fecha de su viaje la estresaba tanto que es probable que hubiera tenido al menos un incidente en la carretera. Quedándose en casa, se «contentó» con un accidente doméstico y pérdida momentánea de un ojo. ¿Para no ver más esas «tres pequeñas tumbas blancas sin reconocimiento», como ella escribió en un poema?

Emma escuchó la vocecilla que le aconsejaba cancelar su viaje el 4 de marzo, fecha en la que su madre vio desaparecer a su hermano, fecha que Emma creía haber olvidado, afirmando al mismo tiempo que era la fecha de la concepción de su hijo. Es la vocecilla que Sócrates llamaba su *daïmon*.

Sócrates, escribe Platón,[7] hablaba de su *daïmon* como una voz divina, un saber, una especie de conciencia conectada a lo universal que guiaba sus decisiones y lo protegía de lo que debía evitar. Anne Ancelin Schützenberger nos lo presentaba como una capacidad de sentir el entorno hasta el punto de convertirse en una intuición premonitoria. «Ver esto» da miedo, a menudo es difícil reconocerlo, y más aún admitirlo ante los demás cuando se vive en un universo racional.

Sin llegar a predecir el futuro como el divino Calchas y otros médiums después de él, podemos desarrollar la capacidad de comprobar si un proyecto o una situación determinada nos conviene prestando atención a lo que sentimos, a lo que nuestro cuerpo nos dice, porque él sabe. Esta sensación corporal funciona como una brújula que nos indica lo que es bueno o malo para nosotros y, de hecho, podemos usarlo como guía.

Un entorno enriquecido

Nuestros amigos los ratones de laboratorio resultan de gran ayuda en la búsqueda de mecanismos de transmisión epigenética. Los hemos sometido a todo tipo de estrés: *shocks* asociados con olores, separaciones aleatorias a los ratones y sus madres o estrés del padre. Se constataron cambios en la expresión de ciertos genes y su transmisión. Una

---

7. Platón, *El banquete*, Taurus, 2014.

muestra tomada de aquellos que heredaron el trauma fue sometida a tratamientos especiales como el *handling* y el entorno enriquecido. El *handling* es el hecho de manipular a los recién nacidos con mucha precaución. Se dice que el entorno se enriquece cuando se multiplican las fuentes de interés y se estimula, en este caso a los ratones, mediante juegos, la presentación de nuevos objetos o compañeros. También se compararon los efectos del comportamiento de las madres, según si ellas eran maternales o no (lamer y el aseo son indicios). Los cambios epigenéticos causados por el estrés desaparecen si ese entorno especialmente favorable, tanto física como moralmente, se establece en los primeros días de los ratoncitos. De esta manera, recuperan un equilibrio biológico y conductual que borra las huellas epigenéticas.

Una amiga creó espontáneamente un entorno enriquecido para su hija Léa, víctima de tocamientos sexuales por parte de su padre cuando era un bebé. Lecturas, música, pequeños regalos y paseos…, estimuló a su hija tanto como pudo. También recurrió a la psicoterapia, porque la buena voluntad y el amor maternal no son suficientes para sacar a una niña de la depresión en la que se sumerge tras una violenta agresión. Hoy, más de veinte años después, Léa es una mujer joven y llena de vida.

En el caso de masacres o de genocidios, la resiliencia se facilita cuando, en un entorno familiar enriquecido, se añade el apoyo de un grupo, en particular de aquel que se procede: la familia extensa, los grupos profesionales, religiosos o étnicos desempeñan un papel esencial para la reconstrucción de las personas. Que la comunidad de pertenencia haya permanecido en el lugar, como parte de los tutsis en Ruanda, o en la diáspora, como una parte de los armenios, reencontrarse para participar juntos en actividades –tanto lúdicas (fútbol) como religiosas o conmemorativas– permite llegar a ser de nuevo participante y actor de la propia cultura, a la vez que se proyecta hacia el futuro; también el nivel del estatus socioeconómico y su diferencia con el «antes».[8]

Sobre esta base, las aptitudes personales de las víctimas que se han vuelto resilientes son determinantes, en particular la capacidad de

---

8. Numerosos estudios se refieren a la resiliencia después de un genocidio. Yo me apoyo en particular en los de Carla Tchilinguirian y Régine Waintrater.

análisis de los acontecimientos pasados, de la situación presente y de las perspectivas de futuro, y la de intercambiar opiniones sobre ello. La fe personal, que da sentido a las ceremonias religiosas, refuerza la inserción. La voluntad de dar un futuro a los niños también es una poderosa palanca: actuar y sentirse útil para los demás, especialmente para los más cercanos, es bueno para uno mismo.

¿Una psicoterapia?

La vida familiar se basa en vínculos complejos que pueden alterar la comunicación de unos con otros y la expresión de su afecto mutuo. Los acontecimientos dramáticos pueden reforzar estas dificultades, tanto más cuanto no siempre somos conscientes de nuestros actos ni de los efectos que producen en los demás. En este caso, atreverse a consultar a un «psiquiatra»[9] puede resultar indispensable. Tomar esta decisión ya es una forma de sentirse mejor, porque nos ponemos en posición de ser activos. Pero para algunas personas, la perspectiva de dejarse ayudar es imposible: no piensan en ello, se avergüenzan, tienen miedo de que los demás les tomen por locos. A veces, creemos que es una cuestión de hablar, cuando, en verdad, es una cuestión de aprender a escucharse a sí mismo (y con uno mismo). Nada que ver con las conversaciones que tenemos con los amigos. El «psiquiatra» es una especie de espejo cuestionador y benévolo que nos ayuda a progresar en el conocimiento de nosotros mismos y nos lleva hacia el despliegue de la hermosa persona que somos en potencia.

La dificultad del consultante para hablar es signo de un sufrimiento, para el cual la empatía del terapeuta (que no es de complacencia) y su capacidad para acoger este sufrimiento son esenciales. Porque, por supuesto, si se califica de «dificultad para hablar» lo que es un síntoma, de «escena primitiva»[10] lo que es una verdadera violencia conyugal o incluso de «fantasía», un abuso sexual o una violación, contribuimos

---

9. Psiquiatra, psicoanalista, psicólogo, psicoterapeuta o psicopracticante.
10. En psicoanálisis, la «escena primitiva» evoca el hecho de que un niño testigo de una relación sexual piensa que está presenciando una escena de violencia.

a sumir a la víctima en una desesperación cada vez más profunda al negar la realidad de su trauma y de su sufrimiento. Psicodrama, psicogenealogía o terapia gestáltica, estos enfoques tienen una posición común: la idea de que el conocimiento de uno mismo pertenece a la persona que viene a consultar. En estas disciplinas, los psicoterapeutas son oyentes benevolentes y no expertos que sabrían mejor que el otro lo que piensa, lo que siente o cómo funciona.

El objetivo de la psicoterapia es aliviar el sufrimiento y la construcción de relaciones sociales y afectivas satisfactorias. Se trata de aprender a establecer el vínculo entre el cuerpo y la mente, el vínculo entre las emociones y lo experimentado, y así dar sentido a lo que vivimos. Porque la brecha entre la realidad que vivimos y nuestros pensamientos es a veces inmensa. Muchas personas, por ejemplo, son las que, como Proust, preparan un viaje y están deseando hacerlo, pero por desgracia enferman o se rompen una pierna justo antes de salir o pierden el avión. Probablemente esto no les habría ocurrido si, en lugar de pensar en el viaje, se hubieran interesado en lo que realmente sentían: ¿miedo a lo desconocido, a la incomodidad, al movimiento? Aprender a hacerse la pregunta de si esto o aquello es bueno o malo para nosotros es esencial: es nuestra brújula.

Si un trauma o un estrés repetidos alteran la expresión de ciertos genes, inversamente, el hecho de que nuestro sufrimiento se tenga en cuenta nos cura, porque esto provoca una especie de retroalimentación epigenética.

Investigadores (como Rachel Yehuda con veteranos de Vietnam que sufren de estrés postraumático, y Nader Perroud con los llamados pacientes borderline)[11] han observado que, después de una psicoterapia, sus pacientes mostraron una mejoría de sus síntomas, junto con una reparación de la alteración epigenética. En efecto, ya que la transmisión de marcadores fisiológicos del trauma no está codificada en el ADN, los adquiridos y transmitidos son inestables y pueden transformarse. La psicoterapia calma la mente y también cura la alteración de genes causada por un traumatismo o por un estrés de larga duración.

---

11. Trastorno de la personalidad marcado por dificultades emocionales y relacionales.

La psicogenealogía propone una manera particular de comprenderse conectándose con la historia de su propia familia. El hecho de tomar conciencia de estos vínculos, de renombrar, e incluso de revivir las emociones sentidas en el momento del acontecimiento, nos permite, porque les damos sentido, liberarnos de las desgracias que nos traspasaron aunque no nos pertenezcan. Cuando dejamos estas «maletas», como las llama mi amigo Jean-Yves –que saca dos pequeñas maletas de muñeca que le ha hecho un carpintero, para agradecerle el haberle liberado de ellas–, se liberan también tus hijos, tus colaterales e incluso tus padres. Anne Ancelin Schützenberger solía decir que se limpiaba el árbol genealógico. Algunos piensan que incluso es bueno para los muertos. ¿Por qué no?

La resiliencia en familia

La familia es, como cada uno de nosotros, capaz de resiliencia: inventa compensaciones espontáneas y, en este caso, utiliza todas esas manifestaciones transgeneracionales que hemos visto en el trabajo, así como un aniversario marcado como el síndrome del aniversario o la repetición. Veamos algunos ejemplos.

EL NIÑO DE OJOS RASGADOS

Gratien consulta a una amiga psicoterapeuta. En el curso de sus conversaciones, éste plantea la hipótesis de que su malestar y sus ansiedades, que frustran en particular su deseo de casarse con una joven de origen asiático, están relacionados con la historia de su madre. Así que interroga a su madre. Y esto es lo que le cuenta: ella y su padre se conocieron cuando eran muy jóvenes, a los 17 años y se propusieron «correr mundo». A los 20 años, se «queda embarazada». Se separan poco después del nacimiento de Gratien y acuerdan la custodia compartida hasta que ella decide irse a vivir al extranjero. Gratien se queda con su padre. Su madre, en el momento de irse, le dio a Gratien una pequeña muñeca japonesa. Más tarde, su madre sufre una grave depresión que la lleva a psicoterapia y le revela algo que había olvidado por completo: tenía unos 6 años cuando sus padres le pidieron que cuidara de su pequeña hermana, un bebé con síndrome de Down. El bebé murió de muerte súbita infantil… Devolver a la conciencia este drama la curó liberándola de una culpa de la que no sabía el objeto.

La pequeña muñeca japonesa que su madre le dio como regalo de despedida parece haber impresionado a Gratien hasta el punto de guiar su elección amorosa. La elección de este regalo por parte de su madre estaba inconscientemente relacionado con la niña con síndrome de Down. El hecho de tener acceso a esta historia, gracias a la psicoterapia realizada por su madre, y luego por él mismo, liberó a Gratien de sus dudas: se casó con la joven de la que estaba muy enamorado… Tendrán hijos con ojos rasgados.

Por lo tanto, una psicoterapia enseña a aclarar las emociones y a vincularlas con el acontecimiento pasado, presente o futuro que las provoca. Aprendemos a dar sentido a nuestras experiencias: «Hago deporte en exceso y al mismo tiempo tengo miedo de estar gravemente enfermo» tiene sentido en el miedo a morir de un abuelo y el hecho de que se impusiera al mismo tiempo una dieta draconiana y una intensa práctica deportiva; un ataque de ansiedad adquiere sentido en una experiencia preocupante o dolorosa. Además del efecto casi mágico de esa toma de conciencia, dar sentido estructura nuestra mente: ya no somos objeto de fuerzas incoherentes, porque entendemos lo que está sucediendo en nuestro interior. Y entonces podremos cuidarnos y actuar.

Estos efectos pueden potenciarse con prácticas que nos hacen sentir bien. Deporte, placeres culturales, dieta sana y equilibrada, meditación, yoga, qi gong, canto, danza, pintura, todas las artes, incluyendo el tejido y la costura, la escritura, la investigación (especialmente la investigación psicogenealógica…) pueden ayudarnos a *recargar las pilas.*

Un amigo me contó recientemente que, después de una ruptura, había decidido correr, sin gran entusiasmo al principio, y que ahora lo estaba disfrutando tanto que acababa de participar en una maratón. Una amiga (profesora de yoga) empezó a practicarlo tras la muerte de su madre. Cuidarse no evita el dolor pero ayuda a convivir con él y calmarlo. Perros, gatos, caballos y otros «peludos» domesticados

también son de gran ayuda, algunos de los cuales se utilizan en psicoterapia.

TENGO PROBLEMAS CON LOS NÚMEROS

Hélène, una amiga psicóloga que se burlaba amablemente de mis «elu-
cubraciones psicogenealógicas» («esto no es científico», decía), me cuenta sus dificultades para hacer la nómina de la señora de la limpieza. Me
sorprendo porque es bastante fácil con el tipo de contrato que utiliza.

—Sí, pero tengo problemas con los números.

¿Una inspiración? Le pregunto qué números.

—No sé... 1940 por ejemplo.

—¿Qué?, ¿1940?

—¿Es la guerra o no es la guerra? –pregunta ella.

Le respondo que es la guerra, la «extraña guerra», la que no llega
a empezar y termina de golpe con la derrota, la invasión, el éxodo, el
armisticio, la ocupación, pero no soy muy precisa. Cojo mi gran libro
de fechas[12] mientras ella continúa:

—No entiendo nada: mi padre dice que se alistó en el ejército por
un desamor, que esperaba morir, que acababa de embarcar para luchar,
pero que, en el barco, en el mismo momento de partir, se había dado
la orden de desembarcar porque la guerra había terminado.

Pienso que el asombro de su padre en aquel momento le impedía
comprender los acontecimientos posteriores. Leo en voz alta:

—«El 14 de junio, los alemanes ocupan París, el 16 cruzan el Loira,
Pétain es nombrado presidente del Consejo, y el 17 pide el armisticio,
que se firma el 22».

Hélène se levanta de un salto de la silla y exclama:

—¡El 22 de junio! ¡Es mi cumpleaños! Nací el 22 de junio de 1949.
¡Mi marido también! Fue el 22 de junio de 1940 el día que el barco en
el que estaba su padre no partió.

En este caso, se trata de un acontecimiento, *a priori* feliz, que está en el origen de una memoria de fecha. El asombro de este joven,

---

12. Jacques Legrand (dir.), *Crónica del siglo* XX, Plaza & Janés, 1986.

salvado a pesar suyo, es tal que el recuerdo de esa fecha, si me atrevo a decir, es inmortalizado: su hija nace en la fecha de aniversario del acontecimiento que le obliga a seguir viviendo. El poder de esa fecha es tal que se casa con un hombre ¡cuya fecha de cumpleaños es la misma que el suyo!

Danièle, por su parte, ha reparado a su manera la profunda herida de un aborto de su madre.

UN CUARTO HIJO

«Quería tener un cuarto hijo –me dijo–, sentía que tenía mucho amor para darle». Sorprendida de esta formulación, le pregunto cuántos hermanos y hermanas tiene.

—Somos tres –me responde.

Tras un silencio añade:

—Pero mamá abortó de un cuarto hijo, lo recuerdo, tenía 10 años.

Danièle tuvo cuatro hijos.

Las fugas y el peregrinaje a que obligan las guerras dejan tales huellas que, en las generaciones siguientes, en contextos radicalmente diferentes, uno puede verse obligado a realizar desplazamientos similares a los que los abuelos hicieron o, por el contrario, los que no pudieron hacer.

40 AÑOS EN 1940

En 1990, a los 40 años, dejé París para ir a Normandía, era el momento perfecto: acababa de perder mi trabajo y de romper una relación amorosa. Más tarde me di cuenta de que a los 40 años (en 1940) mi abuela, huyendo de la invasión alemana, había dejado el Mosela para ir a la Vendée. Perdió su puesto de maestra y dejó a su hijo y a su marido en París cuando su amante se instaló en Vichy. Encontrándome en una situación similar y al mismo tiempo muy diferente de la de mi abuela (pérdida de trabajo, ruptura) a la misma edad que ella, sabía lo que (yo) tenía que hacer: partir. Como si se hubiera abierto un camino y sólo tuviera que seguirlo. Nunca me he arrepentido de mi elección.

REFUGIARSE EN INGLATERRA

Ya en 1938, hombres y mujeres huían de sus países para intentar refugiarse en Inglaterra. El azar pone ante mis ojos un artículo de *La Presse de la Manche*[13] sobre un libro, *La Barque à Eugène*,[14] que cuenta una historia real: una pareja de alemanes, refugiados en Francia en 1938, quieren cruzar a Inglaterra pero no lo consigue a pesar de varios intentos. Desesperados, roban un barco de pesca pero quedan a la deriva, son rescatados y llevados a Argel. Allí son juzgados por robo antes de ser devueltos a Francia e internados en cárceles y campos de detención. Nunca llegarán a Inglaterra. La autora ha encontrado a su nieto: viaja regularmente entre Francia e Inglaterra por razones profesionales. «Él logró hacer lo que su abuelo no pudo: llegar a Inglaterra», dice.

Y por último, sonriamos con Jacqueline…

UN MATRIMONIO

Jacqueline acaba de casarse con Christophe, el hijo de una persona prominente del pueblo donde vive su abuela y donde ella a veces va a pasar las vacaciones. Unos días después de la celebración, su abuela revela a estos recién casados que tienen un bisabuelo en común. Ella misma es la hija adúltera del bisabuelo de Christophe. Este hombre era conocido por su carácter voluble y por los numerosos vástagos que no había reconocido. Jacqueline me dice que esta noticia le ha provocado una profunda alegría: es un poco como si, a través de este matrimonio con uno de los descendientes de su bisabuelo, Jacqueline rehabilitara a su bisabuela legitimándola y, con ello, legitimaba a todo su linaje. Una reparación retroactiva que consolaba un poco a su abuela, marcada por

---

13. 20 de diciembre de 2018.
14. Michèle Letenneur, *La Barque à Eugène*, Charles Corlet, 2018.

haber sido tratada con demasiada frecuencia de bastarda. Por su parte, Gerald Basil Edwards termina su novela *Sarnia* reconciliando a su héroe Ebenezer y la mujer que siempre amó, a través del matrimonio del nieto de uno con la nieta de la otra.

Así, los hijos, nietos y bisnietos que somos, somos capaces de transformar y adaptar una herencia traumática y convertirla en un acontecimiento feliz.

CONCLUSIÓN

Estamos vinculados a linajes familiares de los que ignoramos casi todo, por lealtades cuyo poder no podemos imaginar. Disponemos de la memoria de los hechos que nos son desconocidos y que tal vez encarnamos, sobre todo porque el sufrimiento asociado al acontecimiento ha sido reprimido.

La transmisión invisible de un traumatismo a las generaciones siguientes sugiere que la familia tiene una memoria, como si fuera una entidad, trascendiendo a cada uno de los miembros que la componen en el presente, el pasado e incluso el futuro, influyendo en el comportamiento de los herederos, a veces incluso en sus reacciones emocionales o en sus enfermedades.

Estos hechos nos son transmitidos, de manera encubierta, por mecanismos biológicos y mentales de memoria y de comunicación inherentes a la naturaleza humana.

Nuestro cuerpo a veces retiene la huella de las heridas emocionales tan profundamente que pueden llegar a nuestras células germinales, codificando de esta manera las fragilidades físicas y psíquicas transmisibles. Lo adquirido de una generación se convierte luego en innato para las generaciones siguientes, pero este innato es inestable y transformable. Es tanto más reprogramable cuanto más cuidados, atención y afecto recibamos.

También disponemos de impresionantes capacidades de comunicación que ignoramos: las neuronas espejo nos permiten comprender la intención del otro, la sincronización de ondas cerebrales y comunicación telepática (en situaciones extremas y bajo estrés prolongado) permiten transmitir, a veces a pesar de uno mismo, una información precisa sin necesidad de hablar.

Telepatía, extensión de la conciencia, premonición se manifiestan espontáneamente a lo largo de acontecimientos más o menos felices. Las personas con síndrome del sabio parecen estar en conexión directa con una ciencia que no sabemos de dónde la obtienen, como si la especie humana tuviera una «memoria genética»[1] en la que esta información, y otras muchas, se almacenarían. Físicos especializados en mecánica cuántica creen que una base de datos está almacenada en algún lugar del universo y que nuestro cerebro la capta. En ese caso, el co-inconsciente familiar sería una pequeña parte de ella.

Estas extraordinarias facultades de la especie humana, que permiten la transmisión transgeneracional, también son las que nos permiten trascenderla. Sólo existe la fatalidad si uno cree en ella y la acepta pasivamente. Nada está escrito, todo es posible. Un punto de partida no prefigura nada de lo que sucederá en una vida: el entorno cultural y afectivo, los encuentros, los intereses, el azar, la capacidad de comprender, de ver y luego recibir lo que se da, la decisión de transformar lo que no nos va bien o de cambiar de entorno colorean cada instante y ofrecen múltiples posibilidades. En cualquier momento de nuestra vida, podemos movilizar nuestras capacidades fisiológicas, intelectuales, psicológicas y afectivas de resiliencia.

---

1. Darold Treffert.

TABLA DE GENOGRAMAS

Estímulo/agregar un recuerdo y Trauma/amnesia
Cap. «Las emociones y la memoria»
§ «Trauma y traumatismo»

Paul Marie Marcel (y) Catherine
Cap. «Cuando el niño aparece»
§ «Paul Marie Marcel (y) Catherine»

«Recuerda Barbara»
Cap.« Cuando el niño aparece»
§ «Recuerda Barbara»

Vincent-Théo van Gogh
Cap. «Cuando el niño aparece»
§ «Vincent-Théo van Gogh»

Louis, nacido en el azufre
Cap. «Cuando el niño aparece»
§ «Creía que había nacido en el azufre»

Liliane o la confusión de sentimientos
Cap. «Las repeticiones familiares»
§ «Liliane o la confusión de sentimientos»

Los tres matrimonios de Jacob Freud
Cap. «Las repeticiones familiares»
§ «Freud, Edipo y la ceguera del hijo»

La influencia de la depredación sexual

Cap. «Las repeticiones familiares»

§ «He vivido bajo la influencia de la depredación sexual»

Marion, una depresión

Cap. «La transmisión comienza antes del nacimiento»

§ «Marion»

Una constelación de fechas aniversarios

Cap. «La transmisión comienza antes del nacimiento»

§ «Una constelación de fechas aniversarios»

Mathias, un joven depredador sexual

Cap. «La transmisión por impregnación de la vida cotidiana»

§ «Un joven depredador sexual»

En otro lugar, un futuro mejor

Cap. «La transmisión por impregnación de la vida cotidiana»

§ «En otro lugar, un futuro mejor»

Tú mueres/tumor

Cap. «La transmisión por impregnación de la vida cotidiana

§ «Tú mueres/tumor»

BIBLIOGRAFÍA

ABRAHAM, N. y TÖROK, M.: *L'Écorce et le noyau.* Flammarion, «Champs-essais», París, 2009.

ADNOT, J.-Y.: «Le deuil non fait», texto de una conferencia en comunicación personal. 2015.

AMIGORENA, S.: *El gueto interior.* Literatura Random House, Barcelona, 2020.

ANCELIN SCHÜTZENBERGER, A.: *¡Ay mis ancestros!* Taurus, Barcelona, 2008.

ANCELIN SCHÜTZENBERGER, A. y BISSONE JEUFFROY, É.: *Salir del duelo.* Taurus, Barcelona, 2008.

ATHIAS, G.: *Racines familiales de la «mal a dit».* Pictorus, 2002.

ATLAN, H.: *L'Organisation biologique et la théorie de l'information.* Seuil, 2006.

AUSLOOS, G.: *Las capacidades de la familia.* Herder, Barcelona, 2005.

BADINTER, R.: *Idiss.* Fayard, 2018.

BALMARY, M.: *L'Homme aux statues. Freud ou la faute cachée du père.* Grasset, 1979.

BARICCO, A.: Océano mar. Anagrama, Barcelona, 2006.

BEAUD, S.: *La France des Belhoumi.* Portraits de famille. La Découverte, 2018.

BELZUNG, C.: *Biologie des émotions.* De Boeck poche, 2015.

BERGERET-AMSELEK, C.: *Le Mystère des mères.* Desclée De Brouwer, 2005.

BERTHERAT, T. y BERNSTEIN, C.: *El cuerpo tiene sus razones. Autocura y antigimnasia.* Paidós, Barcelona, 2018.

BESCOND, A.: *Les Chatouilles ou la danse de la colère.* Les Cygnes Eds., 2015.

Bescond, A. y Metayer, É.: *Les Chatouilles* (película), 2018.

Billet M.: *Ces liens invisibles* (película), 2015.

Bissone Jeufroy, É.: *L'Héritage invisible. Secrets de famille, deuils inachevés, loyautés… se libérer des maux de nos ancêtres avec la psychogénéalogie*. Larousse, 2021.

Bombardier, D. y Laborde, F.: *Ne vous taisez plus!* Fayard, 2011.

Bonelli, L. y Carrie, F.: *La Fabrique de la radicalité. Une sociologie des jeunes djihadistes français*. Seuil, 2018.

Bourdieu, P.: *La Distinción. Criterios y bases sociales del gusto*. Taurus, Barcelona, 2012.

—: *Cuestiones de sociología*. Editorial Akal, Madrid, 2008.

Bowers, M. y Yehuda, R.: «Transmission intergénérationnelle du stress chez l'homme». *Neuropharmacology*, vol. 41.

Bromet-Camou, M.: *Guérir de sa famille par la psychogénéalogie*. Tallandier, 2018.

Bydlowski, M.: *La deuda de vida: itinerario psicoanalítico de la maternidad*. Editorial Biblioteca Nueva, 2007.

Calicis, F.: «La Transmission transgénérationnelle des traumatismes et de la souffrance non dite», *Thérapie familiale*, n.º 3, vol. 27, págs. 229-242 (2006).

Cardinal, M.: *Palabras para decirlo*, Noguer Ediciones, 1976.

Carchidi, V.: *Grand-père, Jean Madelaine* (autoedición, en comunicación personal), 2018.

Castillo, M. del: *Tanguy*. Ikusager Ediciones, 2010.

—: *Calle de los archivos*, Ikusager Ediciones, 2002.

Centre d'observation de la société: «Tel père, tel fils? L'inégalité des chances reste élevée», 2017.

Chasseguet-Smirgel, J. y Grunberger, B.: *L'Identification, l'autre, c'est moi*. Tchou, 1997.

Chemouni, J.: *Psychosomatique de l'enfant et de l'adulte*. Editions In Press, 2010.

Clavier, B.: «Les identifications d'Arthur Rimbaud», *Le Coq Héron*, n.º 204, págs. 118-123 (2011).

Coatalem, J.-L.: *El papel del hijo*. AdN Alianza de Novelas, 2021.

Cooper, D.: *La muerte de la familia*. Ariel, Barcelona, 1981.

Cousins, N.: *La volonté de guérir*. Points Actuels, 1981.

—: *La biologie de l'espoir.* Seuil, 1991.

COUTANCEAU, R.: *Amour et violence.* Odile Jacob, 2006.

COUTANCEAU, R. y SALMONA, M. (dir.): *Violences conjugales et famille.* Dunod, 2016.

COUTANCEAU, R.; SMITH, J. y LEMITRE, S. (dir.): *Trauma et résilience. Victimes et auteurs.* Dunod, 2012.

COUVERT, B.: *Au coeur du secret de famille.* Desclée De Brouwer, 2000.

CYRULNIK, B. y JORLAND, G. (dir.): *Résilience, connaissances de base.* Odile Jacob, 2012.

CYRULNIK, B. y SERON, C.: *La Résilience ou comment renaître de sa souffrance?* Fabert, 2009.

DAILLIE, L.: *La Logique du symptôme. Décodage des Stress Biologiques et Généalogiques.* Bérangel, 2006.

DEBAKER, L.: *Ho'oponopono. Ce pouvoir est en vous.* J'ai lu, 2018.

DOLTO, F.: *El Evangelio ante el psicoanálisis.* Ediciones Cristiandad, 1979.

DRÉVILLON, É.; RAIMBAULT, M.-P. y QUINTIN, É.: *Soeurs abusées, l'autre scandale de l'Église* (documental producido por Éric Colomeres), 2018.

DRUON, M.: *Tistú, el de los pulgares verdes.* Editorial Juventud, Barcelona, 2002.

DUCOMMUN-NAGY C.: *Ces loyautés qui nous libèrent.* Lattès, 2006.

—: *Comprendre les loyautés familiales à travers l'oeuvre d'Ivan Boszormenyi-Nagy.* Érès n.º 56, 2013.

DUPÂQUIER, J.; PELISSIER, J.-P. y REBAUDO, D.: *Le Temps des Jules. Les prénoms en France au XIX siècle.* Christian, 1987.

DURKHEIM, É.: *El suicidio,* Editorial Losada, Buenos Aires, 2004.

DUSSY, D.: *Le Berceau des dominations.* Anthropologie de l'inceste. Pocket, 2021.

EDWARDS, G. B.: *Sarnia.* Points, 2006.

EERSEL, P. VAN y MAILLARD, C.: *Mis antepasados me duelen.* Ediciones Obelisco, Barcelona, 2004.

ELIAS, N.: *La sociedad de los individuos.* Península, Barcelona, 2000.

ELIAS, N. y SCOTSON, J. L.: *Logiques de l'exclusion.* Fayard, 1997.

ERNAUX, A.: *El lugar.* Anagrama, Barcelona, 2002.

—: *La otra hija.* KRK Ediciones, 2014.

ESMENJAUD, C.: *À la rencontre d'Anne Ancelin Schützenberger ou comment assumer ses racines*. Desclée De Brouwer, 2021.

EUSTACHE, F.: *Mémoire et émotions*. Éd. Le Pommier, 2016.

FAUCHER, F. y TRUC, G.: *Face aux attentats*. PUF, 2020.

FERENCZI, S.: *Confusion de langue entre les adultes et l'enfant* (diversas ediciones).

—: *Journal clinique*, Petite bibliothèque Payot, 2014.

FLAMENT, F.: *La Consolation*. Livre de poche, 2017.

FLÈCHE, C.: *Decodificación biológica de las enfermedades*. Ediciones Obelisco, Barcelona, 2015.

—: *Mi cuerpo como herramienta de curación*. Ediciones Obelisco, barcelona, 2009.

FORRESTER, V.: *Ce soir, après la guerre*. Points, 2013.

—: *Van Gogh o el entierro de los trigales*. Argos Vergara, Barcelona, 1985.

FORWARD, S. (con la colaboración de Craig Buick): *Padres que odian. Supere su doloroso legado y recupere su vida*. Random House Mondadori, México, 2015.

FREUD, S.: *Psicopatología de la vida cotidiana*. Alianza Editorial, Madrid, 2011.

—: *Cartas a Wilhelm Fliess*. Amorrortu Editores, 2013.

GABORY, A. y DANDOLO, L.: «Épigénétique et développement: l'empreinte parentale», *Médecine/Sciences,* vol. 21, n.º 4, págs. 390-395, abril (2005).

GAULEJAC, V. DE: *Las fuentes de la vergüenza*. Editorial Sapere Aude, 2015.

—: *L'Histoire en héritage*. Petite Bibliothèque Payot, 2012.

Geneasens: www.geneasens.com

GIACOBINO, A.: *Peut-on se libérer de ses gènes?* Stock, 2018.

GOUYON, P.-H.; JUNIEN, C.; KHAYAT, D.; ORNISH, D. y ROSNAY, J. DE: *Epigenética. La ciencia que cambiará tu vida*. Ariel, Barcelona, 2019.

GRIMBERT, P.: *Un secreto*. Tusquets, Barcelona, 2005.

GRODDECK, G.: *La Maladie, l'art et le symbole*. Gallimard, 1969.

HALBWACHS, M.: *Los marcos sociales de la memoria*. Anthropos, Barcelona, 2004.

HALEY, A.: *Raíces*. Ultramar Editories, 1979.

Hanus, M.: *Les Deuils dans la vie.* Maloine, 2006.

—: *La Résilience, à quel prix?* Maloine, 2001.

Hatzfeld, J.: *Un papa de sang.* Gallimard, 2015.

Heard, E.: *Épigénétique et mémoire cellulaire.* Collège de France/Fayard, 2013.

Henckel, A. y Feil, R.: «Asymétrie des génomes parentaux. Implications en pathologie» *Médecine/Sciences,* vol. 24, agosto-septiembre (2008).

Herrou, C.: *Change ton monde.* Les liens qui libèrent, 2020.

Heusden, A. van y Eerenbeemt, E. M. van den: *Thérapie familiale et générations.* PUF, 1989.

Hicks, E. y J.: *Pide y se te dará: aprende a manifestar tus deseos.* Urano, Barcelona, 2010.

Ionescu, S.; Jacquet, M.-M. y Lhotte, C.: *Les Mécanismes de défense, théorie et clinique.* Dunod, 2020.

Janssen, T.: *La solución está en ti: descubre el poder y la memoria emocional de tu cuerpo.* Martínez Roca, Barcelona, 2007.

Jean, P.: *La Loi des pères.* Éd. du Rocher, 2020.

Joulain, S.: *Combattre l'abus sexuel des enfants. Qui abuse? Pourquoi? Comment soigner?* Desclée De Brouwer, París, 2018.

Junien, C.: «L'Empreinte parentale: de la guerre des sexes à la solidarité entre générations». *Médecine/Sciences,* vol. 16, págs. 336-344 (2000).

Kaval, A.: «De l'Algérie coloniale et la Pologne aux camps de réfugiés syriens, l'histoire de France de la famille Lopez ». *Le Monde,* 1.º de abril de 2019.

Kouchner, C.: *La familia grande.* Península, Barcelona, 2021.

Kübler-Ross, E.: *Morir es de vital importancia.* Luciérnaga, 2015.

Laborit, H.: *Dips no juega a los dados.* Laia, 1989.

Laing, R.: *El yo y los otros.* Editorial Fondo de Cultura Económica, 1999.

Laing R. y Elsen, C.: *El yo dividido.* Editorial Fondo de Cultura Económica, 2014.

Lahaye, W.; Pourtois, J.-P. y Desmet, H.: *Transmettre. D'une génération à l'autre.* PUF, 2007.

Lamarck, J.-B. de: *Histoire naturelle des animaux* (diversas ediciones).

LAPLANCHE, J. y PONTALIS, J.-B.: *Vocabulario de psicoanálisis*. Paidós, Barcelona, 1996.

LECOMTE, J. (dir.): *Introduction à la psychologie positive*. Dunod, 2014.

LEDOUX, J.: *El cerebro emocional*. Planeta, Barcelona, 2000.

LEGENDRE, P.: *L'Inestimable Objet de la transmission*. Fayard, 1985.

LEGRAND, J. (dir.): *Crónica del siglo* XX. Plaza & Janés, Barcelona, 1986.

LEJEUNE, M. y P.: *Calicot*. Arthaud-Montalba, 1984.

LEMPERT, B.: *Dans la maison de l'ogre. Quand la famille maltraite ses enfants*. Seuil, 2017.

LEPROHON, P.: *Vincent van Gogh*. Ediciones Folio, 2004.

LETENNEUR, M.: *La Barque à Eugène*. Charles Corlet, 2018.

LEVI P.: *Si esto es un hombre*. Editorial Austral, 2018.

LEVINSON, B. (director de cine): *Rain Man* (película), 1988.

LOUIS, É.: *Quién mató a mi padre*. Salamandra, Barcelona, 2019.

MCDOUGALL, J.: *Teatros del cuerpo*. Editor Julián Yébenes, 1995.

MAGAN, M.: *La Fabrique de la réalité*. Éd. Maïa, 2020.

MAHIER, E.: «Alimentation de santé, troubles dépressifs et angoisse», D.U. Pratiques paramédicales en nutrition etmicro-nutrition. Faculté de Médecine de Bourgogne, 2018.

MANSUY, I.: «Hérédité, mémoire, ce que dévoile l'épigénétique» (conferencia 2017), YouTube.

—: «Traumatismes en héritage» (conferencia 2018), YouTube.

MANSUY, I.; GURRET, J.-M. y LEFIEF-DELCOURT, A.: *Reprenez le contrôle de vos gènes*. Larousse, 2019.

MARZANO, M.: *La Philosophie du corps*. PUF, «Que sais-je?», 2016.

MARZANO-LESNEVICH, A.: *L'Empreinte*, 10-18, 2020.

MASSON, J.: *Enquête aux archives Freud: des abus réels aux pseudofantasmes*. Éd. L'instant présent, 2012.

MENDELSOHN, D.: *Los hundidos,* Destino, Barcelona. 2007.

MICHARD, P.: *La Thérapie contextuelle de Boszormenyi-Nagy*. De Boeck supérieur, 2017.

MIJOLLA, A. DE: *L'Identification selon Freud. Une notion en devenir.* Éd. In Press, 2017.

—: *Los visitantes del yo: fantasmas de identificación*. Tecnipublicaciones, 1986.

MILLER, A.: *El cuerpo nunca miente*. Tusquets, Barcelona, 2020.

—: *El saber proscrito.* Tusquets, Barcelona, 1990.

MILLET, A.: *Psychanalystes, qu'avons-nous fait de la psychanalyse?* Seuil, 2010.

MIQUEL, P.: *L'Exode. 10 mayo-20 junio 1940,* Plon, 2003.

MIZUBAYASHI, A.: *Alma partida.* Edhasa, Barcelona, 2021.

MONHOVAL, P. y LOTSTRA, F.: «Transmission transgénérationnelle des traits acquis par l'épigénétique». *Cahiers de psychologie clinique,* n.º 43, págs. 29-42 (2014).

MUGNIER, J.-P.: *Ces familles qui ne demandent rien.* Fabert Eds, 2012.

—: *L'Enfant face à la souffrance de ses parents.* Fabert, 2021.

NACHIN, C.: *À l'écoute des fantômes.* Fabert, 2010.

NOBÉCOURT, L.: *Le Chagrin des origines.* Albin Michel, 2019.

OBISSIER, P.: *Descodificación biológica y destino familiar: detectar y sanar los conflictos no resueltos,* Ediciones Obelisco, Barcelona, 2014.

PAPAGEORGIOU-LEGENDRE, A. y LEGENDRE, P.: *Filiation. Fondement général de la psychanalyse.* Fayard, 1990.

PATOU-MATHIS, M.: *El hombre prehistórico es también una mujer.* Lumen, Barcelona, 2021.

PERLS, F.; HEFFERLINE, R. y GOODMAN, P.: *Gestalt-thérapie.* L'Exprimerie, 2000.

PERROUD, N.: «Maltraitance infantile et mécanismes épigénétiques». Information psychiatrique, vol. 90, n.º 9, págs. 733-739 (2014).

PICARD, D. y MARC, E.: *Una nueva visión de las relaciones humanas: la Escuela de Palo Alto.* Editorial Mensajero, 2008.

PICQ, P.: *Et l'évolution créa la femme.* Odile Jacob, 2020.

PLATÓN: *El banquete.* Taurus, Barcelona, 2014.

POROT, M.: *L'Enfant de remplacement.* Éd. Frison-Roche, 2014.

PRELJOCAJ, C.: *Le Bonheur pour une orange… n'est pas d'être un abricot.* Jouvence, 2007.

PRÉVERT, J.: *Palabras.* Lumen, Barcelona, 2001.

PROUST, M.: *A la sombra de las muchachas en flor.* Editorial Debolsillo, 2021.

RECHTMAN, R. y FASSIN, D.: *L'Empire du traumatisme. Enquête sur la condition de victime.* Flammarion, 2007.

RECHTMAN, R.: *Les Vivantes.* Éd. Leo Scheer, 2013.

REGARD, J.: *Les Émotions tout simplement.* Eyrolles, 2007.

REICH, W.: Análisis del carácter. Paidós, Barcelona, 2005.

—: *L'Irruption de la morale sexuelle*. Payot, 1999.

RENARD, L.: *Le Cancer apprivoisé. Les ressources insoupçonnées de l'être humain*. Éd. Quintessence, 2006.

RICARD, M. y SINGER, W.: *Cerebro y meditación: Diálogo entre el budismo y las neurociencias*. Kairós, Barcelona, 2018.

RICHÉ, D.: *Micronutrition, santé et performance*. De Boeck, 2008.

RIZZOLATI, G. y SINIGAGLIA, C.: *Las neuronas espejo*. Paidós, Barcelona, 2006.

ROBERT, S.: *Le Phallus et le néan*t (película 2019), www.lephallusetle-neant.com

ROCHEL, S.: *Survivre à l'enfer, se reconstruire après l'inceste*. La Boîte à Pandore, 2013.

ROGERS, R.: *Les Demoiselles de la Légion d'honneur*. Plon, 1992.

ROMANO, H.: *L'Enfant face au traumatisme*. Dunod, 2013.

ROSNAY, J. DE: *La Symphonie du vivant*. Les liens qui libèrent, 2018.

ROUAUX, A. y GARREAU DE LA BARRE M.: *Secrets de famille. L' héritage invisible*. Documental Antipode/France 5, «Le Monde en face», emitido el 24 de abril de 2019.

SALMONA, M.: *Châtiments corporels et violences éducatives. Pourquoi il faut les interdire en 20 questions-réponses*. Dunod, 2016.

—: *Violences sexuelles. Les 40 questions-réponses incontournables*. Dunod, 2015.

—: www.memoiretraumatique.org

SCALA, H.: *Des ancêtres encombrants? Se réconcilier avec son histoire familiale*. Le Souffle d'or, 2008.

SELLAM, S.: *Enquêtes psychosomatiques*. Quintessence, 1997.

—: *El síndrome del yacente, un sutil hijo de reemplazo*. Editorial Bérangel, 2010.

SEMPRÚN, J.: *Le Fer rouge de la mémoire*. Gallimard, 2012.

SHELDRAKE, R.: *De perros que saben que sus amos están camino de casa y otras facultades inexplicadas de los animales*. Paidós, Barcelona, 2007.

SHIMAZAKI, A.: *Le Poids des secrets*. Actes Sud, 2010.

SIMONTON, C. y HENSON, R.: *Sanar es un viaje*. Urano, Barcelona, 1993.

SUEUR, C.: «Les Conséquences génétiques des essais nucléaires français dans le Pacifique». *Observatoire désarmements,* 2018. www.obssarm.org

TENENBAUM, S.: *Dépasser ses traumatismes.* Leduc. Éditions, 2017.

TCHILINGUIRIAN, C.: «L'impact transgénérationnel du génocide chez les Arméniens du Liban». Tesis de doctorado, París VIII, Octaviana, 2011.

TEPER, L: *Un cadenas sur le cœur.* Quidam éditeur, 2019.

THOMAS, E.: *Le Sang des mots.* Desclée De Brouwer, 2004.

TISSERON, S.; RAND, N.; TÖRÖK, M.; NACHIN, C.; ROUCHY, J.-C. et al.: *Le Psychisme à l'épreuve des générations.* Dunod, 2012.

VAN GOGH, V.: *Las cartas de Vicent van Gogh.* Editorial Luk, 2008.

VARELA, F.; THOMSON, E. y ROSCH, E.: *L'Inscription corporelle de l'esprit.* Seuil, 2017.

VEGH, C.: *Je ne lui ai pas dit Au revoir.* Des enfants de déportés parlent. Gallimard, 1980.

VIGAN, D. DE: *Nada se opone a la noche.* Anagrama, Barcelona, 2012.

VINTERBERG, T.: *La celebración* (película), 1998.

WAINTRATER, R.: «Refus d'hériter: la transmission au regard du génocide», *Champ psy,* n.º 60, págs. 141-154 (2011).

WATZLAWICK, P.; HELMICK BEAVIN, J. y JACKSON, DON D.: *Une logique de la communication.* Seuil, 2014.

WATZLAWICK, P.; WEAKLAND, J. y FISCH, R.: *Changements. Paradoxes et psychothérapie.* Seuil, 2014.

WINCKLER, M.: *Plumes d'Ange.* Folio, 2005.

YUNG-DE PRÉVAUX, A.: *Un amour dans la tempête de l'histoire, Jacques et Lotka de Prévaux.* Éd. du Félin, 1999.

YOURCENAR, M.: *Recuerdos piadosos,* 1974.

ZAJDE, N.: *Enfants de survivants. La transmission du traumatisme chez les enfants des juifs.* Odile Jacob, 2005.

ZIEGLER, J.: *Los vivos y la muerte.* Siglo XXI Editores, México D.F., 1976.

ZORN, F.: *Bajo el signo de Marte.* Anagrama, Barcelona, 2009.

AGRADECIMIENTOS

Me gustaría dar las gracias a todas las personas con las que he trabajado durante los últimos cuarenta años, incluidos los miembros del grupo de psicodrama denominado «posDauphine», a los formadores y los alumnos del Instituto de Terapia Gestalt de Nantes y a Tarab Rinpoche y Lene Hamberg, así como a los profesores y los alumnos del Instituto Tarab.

Agradezco a la Dra. Muriel Salmona la inmensidad de su trabajo, a los médicos y cirujanos, a mis padres, a mi hermana Natalie, a mi amiga Arlette Lebouvier quien, en diversas circunstancias, me salvó la vida.

Agnès Vidalie, Anne Ancelin Schützenberger, Antoine Griset, Bénédicte Fernagu, Caroline, Félix y Sophie Hamel-Lanéelle, Claire Lemarchand, Danièle Lemesley, DelphineDelamare, Edith Samson, Eliott Mahier, Fatoumata, Françoise Brocard, Françoise mon Gobil, Geneviève Peyronnel, el padre Georges Couvert, Jean-Yves Adnot, Léon Durel, Marie Supiot, Marie-Anne Robine, Marie-Françoise Guignard, Marlène Lallemand, Mireille Rosselin, Natalie Couvert, Nicole Mothe, Pascale Binet, Sandrine Gousset, Serge Karsenty, Sigmund Freud, Stéphane Chanteloup, Suzanne Leparmentier, Valérie Fournier, Vincent de Gaulejac, Virginie Carchidi y especialmente Denise Watelle han contribuido, de un modo u otro, a esta larga investigación.

ÍNDICE